RÉPERTOIRE
DRA·MATIQUE
DES AUTEURS CONTEMPORAINS.

N. 212.

Théâtre de l'Opéra-Comique.

LE CODE NOIR,

OPÉRA-COMIQUE EN TROIS ACTES.

60 CENTIMES.

PARIS,

BECK, ÉDITEUR,
Rue du Cimetière-Saint-André-des-Arcs, 13, et rue Feydeau, 13.
TRESSE, successeur de J. N. BARBA, Palais-Royal.

1842.

RÉPERTOIRE
DRA·MATIQUE
DES AUTEURS CONTEMPORAINS

LE COQ DU NID

60 centimes

PARIS
BECK, ÉDITEUR

1845

LE CODE NOIR,

OPÉRA-COMIQUE EN TROIS ACTES,

PAROLES DE M. E. SCRIBE, MUSIQUE DE M. CLAPISSON,

Représenté pour la première fois, à Paris, sur le théâtre de l'Opéra-Comique, le 9 juin 1842.

PERSONNAGES.	ACTEURS.
LE MARQUIS DE FEUQUIÈRE, gouverneur de la Martinique...	M. GRARD.
GABRIELLE, sa femme...........................	Mlle REVILLY.
PARQUET DENAMBUC, riche colon, oncle de Gabrielle.........	M. GRIGNON.
ZOÉ, } esclaves du gouverneur...............	Mlle DARCIER.
PALÈME, }	M. MOCKER.
ZAMBA, capresse................................	Mme ROSSI-CACCIA.
DONATIEN, jeune officier de marine.............	M. ROGER.
MATHIEU, commandeur.........................	M. VICTOR.

La scène se passe à la Martinique, les deux premiers actes dans l'habitation du gouverneur, le troisième, dans la ville de Saint-Pierre.

ACTE I.

Le théâtre représente l'intérieur d'une riche habitation à la Martinique.

SCÈNE I.

DENAMBUC, assis devant une table et achevant de dîner. A sa droite, PALÈME et ZOÉ, qui le servent.

PALÈME, bas, à Zoé.
Zoé!.. Zoé!..

ZOÉ.
Quoi donc?

PALÈME.
J'ai quelque chose à vous dire.

ZOÉ.
Eh bien! dis-le!..

PALÈME.
Pas maintenant!.. Mais ici, tantôt, quand l'oncle de notre maîtresse aura dîné.

DENAMBUC.
A boire.

ZOÉ, voulant le servir.
Voilà, Monsieur...

PALÈME, de même.
Non... c'est à moi.

DENAMBUC.
Et pendant ce temps-là je ne bois pas!.. Dites-moi, mes enfans, savez-vous pourquoi ma nièce Gabrielle, votre maîtresse, était gaie il y a deux jours, et pourquoi elle est triste aujourd'hui?

PALÈME.
Pourquoi?.. Je n'en sais rien!

DENAMBUC, à Zoé.
Et toi?

ZOÉ.
Ni moi non plus... Mais depuis deux jours, M. le gouverneur, son mari, était parti pour une expédition dans l'île...

PALÈME.
A telles enseignes qu'il revient ce soir... On l'attend!

ZOÉ.
Pour souper... et alors...

DENAMBUC.
Ah !.. Quand son mari revient, sa gaîté s'en va ?

ZOÉ.
Oui, maître !..

DENAMBUC.
A boire !.. (Pendant que Zoé lui verse.) Il ne la rend donc pas heureuse ?.. Eh bien ! Ta main tremble et tu n'oses répondre ?.. Comment ?.. même absent, vous en avez peur à deux,.. Mais à nous trois !..

ZOÉ.
C'est différent !
(Pendant que Denambuc, assis au milieu du théâtre et devant la table, continue à dîner.)

PALÈME et ZOÉ, ensemble, à voix haute.

Mon Dieu, le bon maître !
Comme il est chéri !
Mon Dieu, le doux maître !
Comme il est gentil !
Qu'on est heureux d'être

(A voix basse.)

Ailleurs que chez lui...
Ah ! quel plaisir d'être
Ailleurs que chez lui !..

ZOÉ, à demi-voix.
Il est grondeur avec Madame,
Et comme un tigre il est jaloux.

PALÈME, de même.
Pourtant à d'autres qu'à sa femme
Chaque jour il fait les yeux doux !

ZOÉ.
Mais aux fautes les plus légères,
Il fait soudain avec rigueur,

PALÈME.
Siffler les sanglantes lanières,
Ou bien le fouet du commandeur.

ZOÉ, bas, à Denambuc.
Témoin Palème, eh ! oui, vraiment,
Hier encore, couvert de sang.

ENSEMBLE, à voix basse.
C'est un méchant, c'est un tyran.

(A voix haute.)
Mon Dieu, quel doux maître, etc.

DENAMBUC, jetant sa serviette et se levant de table.
Qu'est-ce que vous me dites là, mes enfans ?

ZOÉ, à demi-voix.
C'est au point que Palème est décidé à s'enfuir dans les montagnes du Carbet.

DENAMBUC, à Palème.
Toi, Palème ? tu veux t'en aller marron ?

PALÈME.
Oui, maître.

DENAMBUC.
C'est mal.

PALÈME.
J'en conviens !.. Mais si je restais... je tuerais l'autre.

DENAMBUC.
Ce qui serait encore plus mal.

PALÈME.
C'est plus fort que moi... c'est une idée que j'ai.

DENAMBUC.
Depuis quand ?

PALÈME.
Depuis qu'il regarde Zoé d'une certaine manière...

DENAMBUC, à Zoé.
Est-ce vrai ?

ZOÉ, souriant.
Comme il regarde toutes les jeunes filles !.. Témoin, la belle Zamba, la capresse, qui l'autre jour l'a repoussé si rudement... qu'il en a manqué tomber... et il lui a pardonné à elle... mais à Palème... il ne pardonnerait pas... Ainsi, tâchez d'arranger cela, vous, Monsieur, qui êtes si bon maître !

DENAMBUC.
Que veux-tu que j'y fasse... M. le Marquis de Feuquière daigne à peine m'écouter... Il croit m'avoir fait grand honneur, lui gouverneur de la Martinique et gentilhomme ruiné, en épousant ma nièce... la nièce d'un négociant.

PALÈME, avec indignation.
Un négociant dont le père, M. Parquet Denambuc, a possédé en toute propriété la Martinique, la Guadeloupe et la Grenade.

ZOÉ.
Et une dot comme celle que vous avez donnée.

DENAMBUC.
C'est bien... c'est bien !.. je ne la lui reproche pas... Mais je voudrais au moins qu'il rendît ma nièce heureuse... Et puisqu'il n'en est pas ainsi, c'est assez de la dot... il n'aura pas l'héritage... non, parbleu, il ne l'aura pas... cette idée-là me sourit... et j'y songerai... (A Palème.) Va-t'en.

PALÈME, hésitant.
C'est que j'avais à parler à Zoé.

DENAMBUC.
Et moi aussi !

PALÈME.
Un secret à lui confier.

DENAMBUC.
Et moi aussi.

PALÈME.
Alors, c'est juste... Vos secrets doivent passer avant les miens, vous êtes le maître.

DENAMBUC.
Dis à ma nièce qu'elle vienne me faire ses adieux... Non, non... il n'est que midi... et à cette heure-ci elle doit dormir... Attends son réveil, sinon elle aurait la migraine toute la journée.

PALÈME.
Oui, maître !.. (A Zoé.) Alors ce sera pour plus tard !

(Il sort.)

SCÈNE II.

DENAMBUC, ZOÉ.

ZOÉ, s'approchant de lui, après un moment de silence.
Me voilà, Monsieur... Que me voulez-vous?

DENAMBUC.
Ce que je veux!.. Je voulais te dire, Zoé, qu'ici ou à la Grenade, avec mes quatre ou cinq habitations, je me surprends parfois à m'ennuyer de la manière... la plus vaste!..

ZOÉ.
Est-il possible!.. Vous, autrefois si joyeux, si actif... Depuis quand ce changement?

DENAMBUC.
Je crois que c'est depuis le mariage de ma nièce!.. Je t'avais élevée avec elle pour la servir... Je lui avais donné une éducation superbe, que j'ai payée, et dont tu as profité... car les leçons l'ennuyaient, et pour l'empêcher de pleurer, c'est toi qui les prenais... La maîtresse et l'esclave étaient devenues inséparables... Et toutes deux égayaient ma case, comme le matin, un rayon du soleil levant... Votre babil, vos chansons, vos caprices souvent tyranniques, tout cela m'amusait... Moi qui commandais à tant de monde, j'aimais à obéir à deux enfans... Enfin, que te dirais-je?.. La bénédiction de Dieu était avec vous dans ma maison... et avec vous elle en est sortie.

ZOÉ.
Mon pauvre maître!

DENAMBUC.
Gabrielle s'est mariée... elle a voulu t'emmener avec elle... c'était tout naturel... j'y consentis.... Mais depuis ce moment, mon habitation m'a paru immense et déserte, mes belles plantations, mes ateliers de nègres, mes moulins à sucre, mes cases à bagasse... tout cela m'a ennuyé... Je suis devenu impatient, bourru et chagrin... Je regrettais Gabrielle, comme ma fille, et toi, comme sa sœur, sans me rendre compte de ce que j'éprouvais... Mais tout-à-l'heure, quand Palème m'a appris que M. le Marquis de Feuquière était amoureux de toi.

ZOÉ, souriant.
De moi!.. ce n'est pas vrai!.. c'est de Zamba, je vous l'ai dit.

DENAMBUC.
N'importe, pour la première fois de ma vie, je me suis senti en colère, j'ai été furieux... en dedans...

ZOÉ.
Pour votre nièce?..

DENAMBUC.
Non... (La regardant.) Parce que, vois-tu bien, je ne tiens ni au monde ni à son approbation, je suis assez riche pour l'acheter ou pour m'en passer... mais je voudrais enfin tâcher d'être heureux pour mon argent, et j'ai l'idée de me marier... Qu'en dis-tu?

ZOÉ.
Dame!.. c'est une bonne idée... si vous prenez une bonne femme.

DENAMBUC.
Qui m'égaie, qui me rajeunisse, qui me plaise... Je n'en ai encore trouvé qu'une, et c'est toi!..

ZOÉ, stupéfaite.
Moi!.. est-il possible!.. Et vous venez me dire cela... là... tranquillement!

DENAMBUC.
C'est mon caractère... je n'aime pas autrement... et toi?.. Allons, voyons!.. réponds?.. J'ai cinquante ans... Je n'ai pas de temps à perdre... décide-toi?

ZOÉ.
Maître, faut-il dire franchement?..

DENAMBUC.
Toujours...

ZOÉ.
C'est que...

DENAMBUC.
Eh bien!

ZOÉ.
Eh bien!.. je donnerais ma vie pour vous!.. mais... je ne vous aime pas.

DENAMBUC.
Il n'y a pas de mal... Je préfère ça.

ZOÉ.
Et pourquoi?

DENAMBUC.
Je déteste les grandes passions.

ZOÉ, étonnée.
Ah bah!

DENAMBUC.
J'en ai peur!.. Je suis payé pour cela... Je n'en ai inspiré qu'une en ma vie... à ce qu'on m'a dit... et quelque invraisemblable que ce fût, je voulus bien le croire... Il y a de cela dix-huit ans... une de mes esclaves, une jeune fille dont le caractère impérieux dérangeait toutes mes habitudes et me donnait la fièvre!

ZOÉ.
C'est qu'elle ne vous aimait pas!

DENAMBUC, froidement.
Au contraire... Elle m'aimait tant, que par affection elle a voulu me tuer...

ZOÉ.
O ciel!

DENAMBUC, de même.
Un accès de jalousie qui n'avait pas le sens commun... Elle a commencé l'explication par un coup de poignard dont j'ai pensé mourir... Pauvre femme!..

ZOÉ.
Vous la plaignez?..

DENAMBUC.
Oui, sans doute... Car redoutant la mort qu'elle avait méritée... elle a disparu de l'île... Et cependant il y avait des raisons pour lesquelles elle n'aurait pas dû fuir... des raisons qui lui donnaient le droit de compter sur mon pardon... Enfin, je n'en ai plus entendu parler... Morte... égarée... emmenée... que sais-je?.. j'en ai eu tant de tourmens, que depuis j'ai pris en haine et en effroi tous les amours, excepté l'amour tranquille... Voilà pourquoi le tien me plaît et me charme! il augmentera peu à peu en ménage... Avec l'habitude d'être heureuse... et dès que tu n'aimes personne... autant moi qu'un autre!..

ZOÉ.
Mais c'est que... je ne sais comment vous l'avouer...

DENAMBUC.
Allons, de la franchise...
ZOÉ.
Je crois... que j'en aime... un autre...
DENAMBUC.
Ah! ah!.. tu crois que?..
ZOÉ, naïvement.
J'en suis sûre...
DENAMBUC.
C'est différent!.. Palème, peut-être?.. c'est juste... On aime mieux son égal que son maître.
ZOÉ.
Ce serait plus raisonnable... Mais ce n'est pas ça... Un beau jeune homme, un étranger...
DENAMBUC.
Eh! qui donc?
ZOÉ.
Je ne le connais que par un service que je lui ai rendu... il y a six mois... un jour que, revenant de votre habitation... je traversais en plein midi les bois du Carbet... au carrefour... vous savez bien...
DENAMBUC.
Lequel?
ZOÉ.
Où s'élève ce grand arbre qui étend ses branches sombres et ses touffes de fruits roses.
DENAMBUC.
Le mancenillier!
ZOÉ.
Justement!
DENAMBUC.
Un arbre dont l'ombre même est mortelle...
ZOÉ.
Ce n'est que trop vrai!

ROMANCE.

PREMIER COUPLET.

Jeune et rêvant la gloire et l'espérance,
Assis au pied du noir mancenillier,
Un beau marin, un officier de France,
Dormait paisible!.. et moi de m'écrier :
   Fuyez! fuyez! ce noir feuillage,
   Fuyez! il y va de vos jours!
   Qui sommeille sous son ombrage,
   S'endort, hélas! et pour toujours!

DEUXIÈME COUPLET.

Je vois encor la surprise et l'ivresse
De ses regards si tendres et si doux!
Prenant ma main que dans la sienne il presse,
Il s'écria, tombant à mes genoux :
   De cet arbre au fatal feuillage,
   Vous avez préservé mes jours!
   Et je jure, sous son ombrage,
   Qu'ils sont à vous et pour toujours!

DENAMBUC, secouant la tête.
J'entends... Et après?..
ZOÉ.
Après... Il s'est rembarqué le lendemain, sur son vaisseau qui était en rade...
DENAMBUC.
Et,.. ce jeune et bel officier n'est pas revenu?
ZOÉ.
Non, mais il m'a promis de revenir... et c'est pour ça que j'y pense... et qu'il est toujours là, devant mes yeux... Vous voyez bien, maître, qu'en échange de vos bienfaits... je ne peux pas vous tromper... ni vous promettre ce que je ne puis donner...
DENAMBUC.
Tu es une honnête fille... et cela prouve que j'avais bien choisi!.. Rassure-toi, cet amour s'en ira...
ZOÉ.
Je le voudrais... mais je doute qu'il finisse!..
DENAMBUC.
Cela finit toujours... même quand ceux qu'on aime sont là... à plus forte raison quand ils sont loin, et qu'ils ne reviennent pas... Promets-moi seulement que si tu l'oublies...
ZOÉ.
Dame!.. j'y tâcherai...
DENAMBUC.
Tu m'avertiras...
ZOÉ.
Ah! je vous le jure...
DENAMBUC.
C'est bon... J'attendrai...
ZOÉ.
Bien entendu que vous me gardez le secret... Je n'ai parlé de cette aventure à personne... pas même à ma maîtresse... il n'y a qu'à vous...
DENAMBUC.
Je te remercie de la préférence... et... et de ta confiance... (Regardant Gabrielle qui entre.) C'est ma nièce!

SCÈNE III.

ZOÉ, GABRIELLE, DENAMBUC, PALÈME.

GABRIELLE.
Est-il vrai, mon oncle, que vous partiez, et par une chaleur pareille?.. Voilà ce que je ne conçois pas...
DENAMBUC.
Il faut que je sois ce soir à Fort-Royal, mais avant mon départ, ma chère nièce, j'ai un présent à te demander.
GABRIELLE, souriant.
Tant mieux... cela me changera, vous qui m'en faites toujours!
DENAMBUC, montrant Palème.
Dans les esclaves qui composaient ta dot se trouvait celui-ci dont tu peux disposer... car, grâce au ciel, je vous ai mariés séparés de biens... Veux-tu me le donner?
GABRIELLE.
De grand cœur... quoique Palème soit un bon et fidèle serviteur qui m'est dévoué...
PALÈME.
Qui le sera toujours, maîtresse...
DENAMBUC, sévèrement.
Et maintenant que tu es rentré sous ma loi, je t'empêcherai bien de t'en aller marron, ou de tuer ton maître!.. A genoux!..
PALÈME, tremblant et hésitant.
Quoi, maître!..
DENAMBUC.
A genoux... Je t'affranchis!

ACTE I, SCÈNE IV.

PALÈME, poussant un cri.
Jésus Maria !..
DENAMBUC.
Tu es libre... tu n'as plus d'autre maître que toi-même... si tu n'es pas content de celui-là... ça n'est plus ma faute.
PALÈME.
Ah ! je ne vous quitterai jamais... je vous servirai, je me ferai tuer pour vous !
DENAMBUC.
A ton choix... Un homme libre peut faire ce qu'il veut. (A sa nièce.) C'est bien, Gabrielle... Je te prierai, en échange, d'accepter ce que l'autre jour tu regardais chez moi avec quelque plaisir... ce collier de perles !
GABRIELLE.
Qui vaut dix mille livres, au moins ! C'est trop, mon oncle, dix fois trop !
DENAMBUC, souriant.
Ah ! c'est désobligeant pour Palème qui, à coup sûr, vaut bien cela... Mais si tu crois me devoir du retour, il y a une autre personne qui t'appartient aussi et que je te demanderai peut-être...
GABRIELLE.
Quand donc ?
DENAMBUC, regardant Zoé.
Bientôt, je l'espère !.. Adieu, mes enfans.
ZOÉ.
Maître, vous ferez mieux de rester, car voilà un orage qui se prépare ; et dans ce pays, vous savez qu'ils sont terribles.
GABRIELLE.
Oui, mon oncle... Et puis, les nègres marrons auxquels le gouverneur donne la chasse en ce moment, peuvent vous rencontrer et vous faire un mauvais parti.
DENAMBUC, souriant.
Je ne crois pas... Mais, à la grace de Dieu ! (Se retournant et voyant Palème qui a pris son chapeau de paille et son bâton.) Que fais-tu là ?
PALÈME.
Je vais avec vous.
DENAMBUC, brusquement.
Je n'ai pas besoin de toi.
PALÈME.
Je suis mon maître... vous l'avez dit... Je vais où je veux !
DENAMBUC.
C'est juste... Je n'ai plus le droit de te commander... Viens donc, et demain, j'enverrai au Conseil colonial tes lettres d'affranchissement... Adieu, ma nièce ; adieu, Zoé...

(Il sort avec Palème.)

SCÈNE IV.
GABRIELLE, ZOÉ.

ZOÉ, le regardant sortir.
Oh ! le brave et excellent homme... S'il lui arrivait quelque malheur... Je suis désolée qu'il s'éloigne !..
GABRIELLE.
Et moi de même... Qu'allons-nous faire, toute la soirée ?

ZOÉ.
Elle ne sera pas longue, car M. le Marquis va revenir à neuf heures pour souper, et puis pour le bal de demain...
GABRIELLE, avec impatience.
Oui, oui... il me l'a écrit.
ZOÉ.
D'ici là, et pour prendre patience, veux-tu broder ou dessiner ? toi, maîtresse qui dessines si bien que c'est une merveille.
GABRIELLE, s'étendant sur un fauteuil.
Non... cela m'ennuiera.
ZOÉ.
Veux-tu que je te lise quelque roman ?
GABRIELLE.
Il sera mauvais.
ZOÉ.
Et s'il ne l'est pas ? s'il est amusant ?
GABRIELLE.
Ça sera encore pire... Je l'écouterai et ça me fatiguera... ça me fera mal à la tête... J'aime mieux ne rien faire.
ZOÉ.
Ah ! maîtresse, tu es bien créole dans l'âme !
GABRIELLE.
Ouvre la fenêtre... L'air est suffoquant... Ne vois-tu rien ? Personne autour de l'habitation ? Sur le rocher en face de ma fenêtre ?
ZOÉ.
Non, maîtresse... Et voici du côté de la montagne des nuages qui annoncent la tempête...
GABRIELLE, secouant la tête.
C'est pour cela qu'il ne sera pas venu aujourd'hui.
ZOÉ.
Qui donc ?
GABRIELLE, à mi-voix.
Ah ! Zoé, c'est un secret, un grand secret !
ZOÉ, vivement.
Et tu es embarrassée pour passer la soirée ? Raconte-le-moi...
GABRIELLE.
C'est que... je m'étais promis de ne plus m'en occuper... aussi, tu es témoin... Je n'ai pas ouvert cette fenêtre, je n'y ai pas jeté les yeux.
ZOÉ.
Non, mais tu m'as envoyée y regarder.
GABRIELLE.
C'est que depuis huit jours, tous les soirs, à cette heure, un jeune homme vient sur le rocher qui est vis-à-vis mes fenêtres... et cherche à me voir.
ZOÉ, étonnée.
Vraiment ?.. Je ne m'en suis pas aperçue !
GABRIELLE.
Je le crois bien... tu ne regardes jamais.... tu n'es pas curieuse... Mais, moi qui n'ai rien à faire, je voyais ce jeune homme plonger, du haut du rocher, un œil inquiet et attentif sur l'habitation... Il tressaillait au moindre mouvement de mes jalousies ou de mes stores... Je ne les ai pas levés, je te le jure, car je ne voulais pas me montrer... Mais, alors, comment lui dire de s'en aller ?
ZOÉ.
Maîtresse pouvait bien fermer sa fenêtre.
GABRIELLE.
C'est ce que j'ai fait... le troisième jour... et

je n'ai plus regardé, au contraire, j'ai cherché à me distraire, à m'occuper, à dessiner! Mais, malgré moi, et sans le vouloir, ses traits présens à ma pensée ou à mon souvenir venaient se placer sous mon crayon... Quand mon mari, M. le Gouverneur, entra dans ma chambre et aperçut cette esquisse, que dans son admiration il voulut garder...

ZOÉ.
Eh bien! où est le mal?

GABRIELLE.
Aucun... Mais mon trouble aurait pu lui faire supposer... (On entend un prélude en dehors.) Écoute donc!

ZOÉ, qui a couru à la fenêtre.
Maîtresse, maîtresse, le ciel t'a entendue... N'aie plus d'inquiétudes pour ta soirée... C'est la belle Zamba, la capresse, qui vend des madras et des bijoux, des chapelets et des gants d'Espagne... De plus, elle te dira la bonne aventure par-dessus le marché.

GABRIELLE.
C'est charmant! Fais-la monter.

ZOÉ, qui vient de faire un signe par la fenêtre.
Ah ça! tu n'es pas jalouse?

GABRIELLE.
Et pourquoi?

ZOÉ.
C'est qu'on dit ton mari, le gouverneur, très épris de la belle capresse. (A Gabrielle, qui sourit.) Ah! ça ne te fait rien? Passion malheureuse, du reste!

GABRIELLE.
C'est bien, c'est bien... Qu'elle entre, qu'elle entre!

SCÈNE V.

LES MÊMES, ZAMBA, avec une boutique portative.

TRIO.

ZAMBA.
Achetez, gentilles créoles,
Mes parures et mes rubans,
Talismans heureux et frivoles,
Par qui l'on séduit les amans.

GABRIELLE et ZOÉ.
Oui, croyons-la sur parole;
Achetons bijoux et rubans,
Talismans heureux et frivoles,
Par qui l'on séduit les amans.

ZOÉ, débarrassant Zamba de sa boutique portative, et la montrant à Gabrielle.
Voyez quel goût, quelle élégance.

GABRIELLE.
Oui, ces éventails sont jolis!

ZAMBA.
Je crois bien, ils viennent de France,
C'est, dit-on, la mode à Paris!

GABRIELLE, vivement et prenant les éventails.
A Paris?

ZOÉ.
Et cette dentelle légère,

GABRIELLE.
Oui, cela ne m'irait pas mal!

ZAMBA, à Gabrielle.
On sait que pour charmer et plaire
On peut s'en passer, c'est égal.

ENSEMBLE.

ZAMBA.
Achetez, gentilles créoles, etc.

GABRIELLE et ZOÉ.
Oui, croyons-la sur parole, etc.

ZOÉ, à Gabrielle.
Choisissez donc?

GABRIELLE, nonchalamment.
Choisir m'ennuie et me tourmente,
Je prends tout.

ZAMBA.
Cela vaut mieux!

GABRIELLE.
Oui, mais dans l'avenir on te prétend savante;
Dis-nous le nôtre à toutes deux?

ZAMBA.
Eh quoi! vraiment?

GABRIELLE.
Oui, je le veux!

ENSEMBLE.

ZAMBA.
De la devineresse,
De sa voix prophétesse,
On consulte sans cesse
L'oracle tout puissant!
Dans les cieux je sais lire,
Et prête à vous instruire,
Ici, je peux vous dire
Le sort qui vous attend!

ZOÉ et GABRIELLE.
De la devineresse,
Je veux tenter l'adresse,
Et mon cœur s'intéresse
A son art tout puissant!
Dans le ciel il faut lire,
Et si tu sais prédire,
Allons, il faut nous dire
Le sort qui nous attend?

ZAMBA, à part, à Gabrielle dont elle prend la main.
D'abord, dans cette main je vois
Que quelqu'un vous aime!

GABRIELLE, avec émotion.
Qui? moi!

ZAMBA, à part, à Zoé dont elle prend la main.
Ici, j'aperçois clairement
Que l'on vous adore!

ZOÉ, de même.
Ah! vraiment!

GABRIELLE, bas, à Zamba.
Eh! qui donc?

ZAMBA, de même.
C'est un beau jeune homme.

zoé, de l'autre côté à voix basse, à Zamba.
Qui donc?
ZAMBA.
Un cavalier gentil.
GABRIELLE, de même.
Et son nom?
ZAMBA.
Je ne puis voir comment on le nomme.
Mais ce n'est pas votre mari!
ENSEMBLE.
GABRIELLE et ZOÉ, à part.
De la devineresse,
Je redoute l'adresse,
Et sa voix prophétesse
Me fait trembler, vraiment.
N'importe, il faut m'instruire,
Dans les cieux il faut lire.

(A Zamba.)
Achève, il faut prédire
Le sort qui nous attend!
ZAMBA.
De la devineresse,
On admire sans cesse
Le talent et l'adresse,
Et l'oracle savant!
Dans les cœurs je sais lire,
Et j'ai l'art de prédire
Tout ce que l'on désire;
C'est un secret charmant!

(On entend en dehors un commencement d'orage.)
ZAMBA.
C'est l'orage! l'éclair a sillonné la nue!
GABRIELLE et ZOÉ.
N'importe, continue.
L'inconnu viendra-t-il?
ZAMBA, leur prenant à chacune la main.
Bientôt, vous le verrez!
(Écoutant avec crainte l'orage qui redouble.)
Tous les élémens conjurés!..
GABRIELLE et ZOÉ, sans rien écouter.
N'importe, continue.
GABRIELLE, lui donnant de l'argent.
Tiens!
ZOÉ, lui donnant de l'autre côté.
Tiens, tiens!
ZAMBA, recevant des deux mains et faisant la révérence.
Ah! tant que vous voudrez!
ENSEMBLE.
GABRIELLE et ZOÉ, chacune à part.
De la devineresse,
Le talent m'intéresse,
Et sa voix prophétesse
Me plaît infiniment!
Oui, pour mieux nous instruire,
Elle a l'art de prédire
Tout ce que l'on désire;

C'est un secret charmant!
ZAMBA.
De la devineresse, etc.

(A la fin de cet ensemble, l'orage éclate dans toute sa force et forme le strette de l'air.)

ENSEMBLE.
Ah! le ciel tonne
Avec fureur!
Ah! je frissonne
Et meurs de peur!
Contre la foudre et son courroux,
Dieu tout-puissant, protége-nous!

ZOÉ, montrant Zamba.
Elle ne peut pas se remettre en route par un temps pareil.
GABRIELLE.
Non, sans doute... Elle passera ici la nuit.
ZOÉ, à Zamba, lui montrant ses paniers de marchandises.
Serre tout cela chez Madame.
GABRIELLE.
Repose-toi.
ZOÉ.
Ce soir, nous te donnerons à souper.
ZAMBA.
Merci, ma belle dame.
(Zamba entre avec ses paniers dans la chambre à droite.)
ZOÉ.
Écoutez... Quelle est cette voix?
GABRIELLE.
Mon mari, peut-être qui revient!
ZOÉ.
Non, c'est M. Denambuc!
GABRIELLE.
Mon oncle!

(On ouvre la porte du fond. Denambuc paraît. Zoé court se jeter dans ses bras. Le bruit de l'orage diminue dans l'orchestre et cesse tout-à-fait.)

SCÈNE VI.

ZOÉ, DENAMBUC, GABRIELLE.

ZOÉ.
Vous, maître?
DENAMBUC, tranquillement.
Eh! oui! c'est moi, déjà de retour... Ne vous effrayez pas! Je croyais que nous aurions le temps de franchir la montagne avant l'orage... mais, bah! dans ce pays, on ne sait sur quoi compter!.. En quelques minutes, tous les élémens déchaînés, et au bord d'un abîme déjà plein d'eau... le pied m'a glissé...
GABRIELLE et ZOÉ.
O ciel!
DENAMBUC.
Et Palème de s'élancer à ma suite... Pauvre garçon!.. il employait sa liberté à se noyer avec moi! C'était ce qui allait nous arriver à tous deux, quand, à travers les arbres et les rochers, des-

cend un gaillard jeune et alerte qui nous crie :
« Courage! » et, grace à une longue et large
ceinture qu'il nous déroule et qu'il nous tend,
nous sommes remontés, non sans peine, et
nous revenons avec notre libérateur, pour qui
je vous demande l'hospitalité?

GABRIELLE.
Ah! c'est trop juste!..

DENAMBUC.
Je lui ai laissé, comme à moi, le temps de paraître devant vous... et je vous le présente.

SCÈNE VII.

GABRIELLE, DENAMBUC, DONATIEN,
ZOÉ.

QUATUOR.

DENAMBUC, prenant Donatien par la main.
Venez, mon cher!

GABRIELLE et ZOÉ, l'apercevant et à part.
O ciel!

ZOÉ.
C'est lui!

GABRIELLE.
C'est lui!

DENAMBUB, les regardant d'un air étonné.
Eh! oui... c'est lui! c'est mon nouvel ami!

ENSEMBLE.

GABRIELLE et ZOÉ, à part.
De surprise et d'ivresse,
Mon cœur bat et frémit!
Ah! la devineresse
Me l'avait bien prédit.

DONATIEN, regardant Zoé.
D'ivresse et de surprise!
Je sens battre mon cœur,
Et mon âme indécise,
Croit à peine au bonheur!

DENAMBUC.
Honneur à son adresse,
J'étais perdu sans lui.
Que pour lui l'on s'empresse!
Qu'on le traite en ami.

DONATIEN, s'adressant à Gabrielle.
Chez vous, Madame, ah! c'est bien de l'audace!
A cette heure... d'oser me présenter ainsi!

GABRIELLE, gracieusement.
Et pourquoi donc? Apprenez-moi, de grace,
A qui je dois les jours de mon oncle chéri?

DONATIEN.
Au comte de Rethel.

DENAMBUC, frappant sur l'épaule de Donatien.
Si je puis vous le rendre
Comptez sur moi...
(Bas, à Zoé.)
Sais-tu qu'il est vraiment gentil,...

ZOÉ, à part.
Pauvre homme!.. il croit me l'apprendre.

Bien avant lui, déjà, mon cœur m'a dit : C'est lui!

GABRIELLE, à part.
C'est lui! c'est lui!

DENAMBUC, le montrant d'un air de triomphe.
C'est lui!

ENSEMBLE.

GABRIELLE et ZOÉ.
De surprise et d'ivresse, etc.

DONATIEN.
D'ivresse et de surprise, etc.

DENAMBUC.
Honneur à son adresse, etc.

(On entend au dehors le fouet d'un postillon et le bruit des chevaux.)

DENAMBUC.
Qu'ai-je entendu?..

GABRIELLE.
Taisez-vous!

DENAMBUC.
Oui, j'écoute!
(Tous trois prêtent l'oreille.)

GABRIELLE.
Le galop des chevaux!

ZOÉ, regardant la pendule.
Neuf heures!.. c'est sans doute
Monsieur qui revient!

GABRIELLE, à part.
Ah! grand Dieu!
(Haut.)
Mon mari!

DENAMBUC.
Mon neveu!
Qu'il soit le bien venu!
(Gaîment, à Donatien.)
Par lui, mon cher ami,
De même que par moi vous serez accueilli.

SCÈNE VIII.

LES MÊMES, LE MARQUIS.

(Gabrielle et Denambuc vont au-devant de lui.)

QUINTETTE.

LE MARQUIS, à sa femme d'un air galant.
Ah! qu'il me tardait de me rendre
Auprès de vous, Madame!..
(A Denambuc qui vient de l'autre côté.)
Et de vous!

DENAMBUC.
Grand merci!

LE MARQUIS, à Denambuc.
Palème, en bas vient de m'apprendre
Tous vos dangers!

DENAMBUC.
Oui, mon cher, et voici

Notre libérateur!
>DONATIEN, s'avançant pour le saluer.
Monsieur!..
LE MARQUIS, frappé de surprise et examinant ses traits.
C'est lui!
GABRIELLE et ZOÉ, à part.
C'est lui!..
DENAMBUC, lui prenant la main d'un air amical et le montrant en riant au marquis.
C'est lui!

REPRISE DU PREMIER ENSEMBLE.

LE MARQUIS.
Du soupçon qui me blesse,
Je veux être éclairci!
Il faut que je connaisse,
Ce secret ennemi!

DONATIEN.
D'ivresse et de surprise,
Je sens battre mon cœur, etc.

DENAMBUC.
Honneur à son adresse,
J'étais perdu sans lui, etc.

ZOÉ.
De surprise et d'ivresse
Mon cœur bat et frémit.
Ah! la devineresse
Me l'avait bien prédit!

GABRIELLE, regardant son mari.
Du soupçon qui le blesse,
Mon cœur bat et frémit!
La frayeur qui m'oppresse
Me trouble et m'interdit!

(Mouvement plus animé.)

STRETTE DU MORCEAU.

LE MARQUIS.
Oui, dans ma rage,
Je reconnnais
Et cette image
Et tous ses traits!
Sachons nous taire,
Et dérobons
Et ma colère
Et mes soupçons.

ZOÉ.
Jour sans nuage,
Voilà ses traits,
Voilà l'image
Que je rêvais!
Image chère,
Mais redoutons
Leur œil sévère,
Et leurs soupçons.

DONATIEN.
Jour sans nuage,
Voilà ses traits,
Voilà l'image
Que je rêvais!
Image chère, etc.

DENAMBUC.
Sans son courage,
Et pour jamais,
Du grand naufrage
J'étais bien près!
Touchez-là, frère,
Et sans façons;
Bientôt, j'espère,
Nous nous verrons.

GABRIELLE.
Funeste image,
Fatal portrait,
Que dans sa rage
Il reconnaît!
Que dois-je faire?..
Ah! redoutons
Son œil sévère
Et ses soupçons.

DENAMBUC, au Marquis.
Morbleu! je vous le recommande:
Il doit avoir bon appétit!
Et pour lui, d'abord, je demande
Bon vin, bon souper et bon lit.

LE MARQUIS, à sa femme.
Donnez l'ordre que l'on nous serve.
A vous de faire les honneurs!

DENAMBUC.
C'est bien!

LE MARQUIS.
Pour notre hôte que l'on réserve
Les mets et les vins les meilleurs!

DENAMBUC.
Très bien, mon cher neveu, mais s'il faut vous le (dire,
Et pour en agir sans façons,
Je n'ai pas faim!.. mais pour bonne raisons...
Je suis las!.. j'ai sommeil!.. chez moi je me retire.

LE MARQUIS.
Ici, vous êtes maître!

DENAMBUC, à qui Zoé s'est empressée d'offrir un flambeau.
Bonsoir!.. Soupez pour moi! je vais dormir pour (vous.

REPRISE ENSEMBLE.

LE MARQUIS.
Oui, dans ma rage,
Je reconnais, etc.

DONATIEN.
Jour sans nuage,
Voilà ses traits, etc.

DENAMBUC.
Après l'orage,
Mon lit me plaît!
C'est à mon âge
Bonheur parfait.
Touchez là, etc.

ZOÉ.
Jour sans nuage,
Voilà ses traits, etc.

GABRIELLE.
Funeste image,
Fatal portrait, etc.

(Denambuc, que Gabrielle et le Marquis ont reconduit jusqu'à la porte du fond, sort après avoir embrassé Gabrielle. Pendant ce temps, Donatien et Zoé sont restés seuls sur le devant du théâtre.)

SCÈNE IX.

GABRIELLE, LE MARQUIS, redescendant le théâtre à gauche; DONATIEN et ZOÉ, à droite; MATHIEU.

DONATIEN, bas à Zoé, à droite du théâtre.
Ah! Zoé!.. si vous saviez ce que j'ai souffert loin de vous?..

ZOÉ, de même, en lui montrant le marquis.
Silence devant mon maître... (Haut.) Voulez-vous me permettre, M. le Comte, de vous débarrasser de votre chapeau...

(Elle prend son chapeau qu'elle va placer sur un meuble, lui approche une chaise où il s'assied. Puis elle va chercher sur un plateau de cristal où est un carafon de rum qu'elle lui offre et dont elle lui verse un verre.)

LA MARQUISE, pendant ce temps, s'approchant de sa femme qui est à la gauche du théâtre, et à voix basse.
Vous m'expliquerez, Madame, ce que cela signifie?..

GABRIELLE, avec émotion.
Mon oncle vous l'a dit... ce jeune homme lui a sauvé la vie... et il nous l'a amené à nous, qui ne le connaissons pas.

LE MARQUIS, la regardant.
Ah! vous ne le connaissez pas?

GABRIELLE.
C'est la première fois que je lui adresse la parole.

LE MARQUIS.
Ce qui m'étonne, seulement... c'est que sans les avoir vus, vous ayez deviné ses traits, au point de les retracer d'imagination.

GABRIELLE.
Mais, Monsieur...

LE MARQUIS.
Mais, Madame...

DONATIEN, se levant et allant à lui.
Qu'est-ce, mon cher hôte?

LE MARQUIS, d'un air riant.
Des détails intérieurs... des affaires de ménage... (Voyant au fond une table que l'on apporte.) Mettons-nous à table...

LE MARQUIS, souriant.
Vous ne voyez pas que M. le Comte vous offre la main.

(Donatien offre la main à Gabrielle et la conduit à la table, qui est de quatre couverts. Gabrielle se place au milieu, le marquis à sa gauche, Donatien à sa droite.)

LE MARQUIS, montrant le quatrième couvert.
Qu'on ôte ce couvert, puisque M. Denambuc, notre oncle, ne soupe pas avec nous.

DONATIEN, montrant Zoé.
Et cette jeune fille?

LE MARQUIS.
Y pensez-vous?.. Jamais une esclave ne s'est assise à ma table ni à celle d'aucun blanc... Un sévère châtiment punirait cette audace... (Apercevant Zamba qui sort de la chambre à droite, et radoucissant sa voix.) Ah! la belle Zamba! la capresse!..

ZAMBA.
Qui, surprise par l'orage, est venue demander un abri...

GABRIELLE.
Que je lui ai accordé... (Avec intention.) pensant, Monsieur, que cela ne vous déplairait pas.

LE MARQUIS, froidement.
A moi... nullement.

DONATIEN.
Pardon, Monsieur... j'arrive de France, et je suis d'une ignorance extrême... Qu'est-ce que c'est qu'une capresse?

LE MARQUIS.
Quelque créole ou Caraïbe née d'un mulâtre et d'une blanche... Car il y a dans toutes ces races une telle confusion, que le diable lui-même n'y reconnaîtrait pas ses enfans... Celle-ci, du reste, est une fille qui a de la tête, et surtout de la mémoire... Elle était avant moi dans l'île, et sait tout ce qui s'y passe... C'est pour cela que souvent j'aime à causer avec elle... et aujourd'hui encore... (Regardant Gabrielle et Donatien.) j'aurai à lui parler... Un siége à Zamba... là, dans le coin... (Prenant un plat sur la table.) et ce gâteau de riz pour l'occuper.

(Zamba s'assied à une petite table à droite, et se met à manger ce que Zoé lui sert.)

LE MARQUIS, tendant son verre.
A boire... Où est Palème?

MATHIEU.
Il est sorti, au lieu d'être là pour son service.

LE MARQUIS.
M. Mathieu, mon commandeur, vous le mettrez aux quatre piquets, et trente coups de fouet.

MATHIEU.
Oui, Monseigneur... j'y vais...

GABRIELLE.
Vous ne pouvez le traiter ainsi, car il ne vous appartient plus.

LE MARQUIS.
Qu'est-ce à dire?

GABRIELLE.
Mon oncle me l'a demandé aujourd'hui, et je le lui ai cédé. (Voyant un geste de colère du marquis.) Il était à moi.

LE MARQUIS.
C'est juste... il faisait partie de votre dot... Enchanté d'en être débarrassé!.. Ce Palème est un coquin de mulâtre!..

MATHIEU.
D'abord, c'est un épave... ce qui est la pire espèce de toutes.

DONATIEN.
Pardon, Monsieur... Qu'est-ce qu'un épave?

LE MARQUIS.
C'est un esclave qui n'appartient à personne.

GABRIELLE.
Et qui pourtant ne peut fournir aucune preuve de liberté.

LE MARQUIS.
Le gouvernement s'en saisit et le vend à son profit aux criées, aux enchères... où le premier venu peut l'acheter.

DONATIEN.
Est-ce qu'il y a justice à cela ?

GABRIELLE.
Que voulez-vous ?.. c'est la loi !..

LE MARQUIS.
Le Code noir le prescrit ainsi.

DONATIEN.
Le Code noir... dites-vous ?.. Je n'en ai jamais entendu parler en France.

LE MARQUIS.
C'est le recueil des ordonnances et règlemens relatifs aux nègres et aux esclaves!.. Lois sévères et inflexibles!.. Mais, pardon, M. le Comte, de vous entretenir de sujets pareils... moi qui ai promis à mon oncle de vous rendre ce séjour agréable... Si les affaires qui vous amènent à la Martinique sont de mon ressort, si je puis vous y servir...

DONATIEN.
C'est trop de bontés, M. le Marquis... J'y viens pour des recherches importantes...

LE MARQUIS.
S'il n'y a point d'indiscrétion...

DONATIEN.
Au contraire... et si cela n'ennuie pas Madame...

LE MARQUIS.
Je ne le pense pas... (A part.) Il va mentir...

DONATIEN.
Je suis né dans ces climats, à la Grenade.

LE MARQUIS.
Un pays voisin.

DONATIEN.
Un navire de Marseille venait de quitter cette île pour retourner en France, et l'on était déjà en pleine mer, lorsque l'on découvrit dans un coin du bâtiment un berceau richement brodé, un médaillon avec un chiffre et des armes... et un billet...
(Zamba, qui a écouté attentivement, se lève brusquement et se rassied aussitôt. Dans ce mouvement, elle laisse tomber la fourchette qu'elle tient à la main.)

ZOÉ.
Eh bien! Zamba, y pensez-vous ?

ZAMBA.
Pardon, Monseigneur...

LE MARQUIS.
Interrompre un récit...

ZOÉ.
Au moment le plus intéressant !

LE MARQUIS.
Achevez, M. le Comte... Ce billet...

DONATIEN.
Portant ces mots : « L'enfant que renferme ce » berceau appartient à une noble et riche fa- » mille qui reconnaîtra, plus tard et dignement, » les soins qu'on aura pris de son enfance... »
Dans cet espoir, un pauvre négociant, qui se trouvait sur le navire, se chargea de moi, m'emmena à Marseille, m'éleva... mais la mort, qui vint le surprendre, ne me permit pas de m'acquitter envers lui... et, dans la succession de mon père adoptif, je ne trouvai rien que des dettes et quelques renseignemens qu'il s'était procurés à grands frais, et auxquels je ne donnai aucune suite... constatant que les armes trouvées dans mon berceau étaient celles de la famille de Rethel.

LE MARQUIS.
Noble maison... C'était superbe !

DONATIEN.
Pas pour moi, soldat et marin, qui n'entendais rien aux procès, et préférais devoir ma fortune à mon épée ! Mais, il y a quelques mois, la frégate où j'étais enseigne, la Marie-Galante, toucha à la Martinique, et l'on permit à tout l'équipage de passer un jour à terre.

LE MARQUIS.
En effet, il y a six mois... cette frégate était en rade... (Regardant Gabrielle.) et c'est alors que, pour la première fois, vous êtes venu ici ?

DONATIEN.
Oui, M. le Marquis. En jeune homme curieux et qui n'a rien à faire, j'employai ma journée à visiter l'île... et là, s'il faut vous le dire... un hasard... une rencontre inattendue...

ZOÉ, vivement.
M. le Comte ne boit pas...

GABRIELLE, de même.
Je lui offrirai de ce tafia que l'on dit excellent.

LE MARQUIS, à part, en les regardant.
La maîtresse et l'esclave s'entendent. (Haut.) Eh bien ! Monsieur, cette rencontre...

DONATIEN.
Changea mes projets et mes idées : je partis... mais pour revenir.

LE MARQUIS, regardant Gabrielle.
Je comprends... une passion subite...

DONATIEN.
J'en conviens.

LE MARQUIS.
Et depuis que vous êtes de retour, depuis quelques jours...

DONATIEN.
Mes recherches m'ont appris que les comtes de Rethel étaient originaires de la Martinique et de la Grenade, où ils avaient d'immenses possessions.

GABRIELLE.
C'est vrai !

ZOÉ.
C'est vrai ?

LE MARQUIS.
Très vrai... Et si vous voulez de plus amples renseignemens... vous avez ici une personne qui mieux que nous est au fait...

DONATIEN.
Qui donc ?

LE MARQUIS.
Zamba la Capresse... qui connaît toutes les aventures du pays... les secrets de toutes les familles... Et vous saurez, par elle, à quoi vous en tenir, si elle veut parler, ce qui ne lui arrive pas toujours !..

ZOÉ.
Oh! elle parlera, j'en suis sûre... Voyons, Zamba... avez-vous connaissance de cette histoire-là ?

(Zamba fait signe que oui.)

LE MARQUIS.
Eh bien! alors... viens ici et réponds...

GABRIELLE, lui prenant la main.
Eh! mais... comme ta main est glacée... et tu trembles.

ZAMBA.
Moi ?.. Non pas...

DONATIEN.
Parlez... parlez... je vous en conjure.

LE MARQUIS, à Zamba qui regarde Donatien attentivement.
Comme tu le regardes.

ZAMBA, avec expression et plaisir et après l'avoir regardé encore.
Je le trouve beau !..

TOUS.
Achève...

ZAMBA, lentement.
C'est le seul et dernier descendant d'une illustre maison...

GABRIELLE.
Il est donc de la famille de Rethel?

ZAMBA, toujours lentement.
Oui !..

DONATIEN.
Et le moyen de me faire reconnaître par eux?

ZAMBA, de même.
Je le dirai...

TOUS.
Parle donc !..

ZAMBA.
Mais pas maintenant... plus tard !

DONATIEN, vivement.
Pourquoi pas sur-le-champ ?

LE MARQUIS.
Ne la contrariez pas... vous ne sauriez rien... Elle passe la nuit ici, ainsi que vous, mon cher hôte, et demain sans doute, devant moi, le gouverneur, qui recevrait ses aveux...

DONATIEN.
C'est juste... (A Zamba.) A demain !

ZAMBA, à Donatien, à voix basse et au moment où le Marquis se retourne.
Il faut que je vous parle... ici, avant demain.

DONATIEN.
C'est dit !..

LE MARQUIS.
Voici l'heure de nous retirer. On va vous montrer votre chambre.

DONATIEN.
Adieu, M. le Marquis. Saluant Gabrielle.) Adieu, Madame...

LE MARQUIS, prenant Zamba par la main.
Toi... reste.

ZAMBA.
Et pourquoi ?

LE MARQUIS, montrant Donatien qui vient de saluer Gabrielle et qui s'éloigne lentement par le fond, tandis que Gabrielle et Zoé, qui sortent par la droite, le suivent long-temps des yeux.)
Tiens... regarde !.. tu es trop habile pour ne pas deviner... Et ces regards d'intelligence... c'est un amant.

ZAMBA.
Lui ?..

LE MARQUIS.
Tu le sais aussi bien que moi, et déjà peut-être es-tu gagnée par eux.

ZAMBA.
Par exemple !

LE MARQUIS.
Écoute et parlons franchement. Tu as eu l'audace de me repousser, moi !.. le gouverneur !..

ZAMBA.
Je suis libre... je ne dépends de personne !

LE MARQUIS.
Tout le monde ici dépend de moi, et tu comprendras peut-être... mais trop tard, qu'il valait mieux m'avoir pour ami que pour ennemi... Enfin, si tu es d'accord avec eux pour me tromper... malheur à toi !.. Si, au contraire, tu me secondes... si tu m'aides à avoir des preuves de leur trahison... de l'or... beaucoup d'or... De plus et en toute circonstance... ma protection... Choisis?

ZAMBA.
Mon choix est fait !

LE MARQUIS.
A la bonne heure !.. (Donatien paraît à la porte du fond et se retire aussitôt.) Bonsoir, Zamba, bonsoir...

(Il rentre dans le cabinet à gauche.)

SCÈNE X.

ZAMBA, DONATIEN.

DUO.

(Zamba aperçoit Donatien, court à lui, l'amène par la main au bord du théâtre, et lui dit à demi-voix.)

ZAMBA.
Malheureux ! qui t'amène en ce lieu redouté ?
Pourquoi quitter la France et son heureux rivage?
La terre du salut et de la liberté !
Là, t'attendait la gloire !.. En ces lieux, l'esclavage !

DONATIEN.
Que dis-tu ?.. ma famille et le nom de Rethel
Que tu m'avais donné...

ZAMBA.
N'est pas le tien !

DONATIEN.
O ciel !
Et ma mère ?..

ZAMBA.
C'était Zabi, ma camarade,
Comme moi, dès l'enfance, esclave à la Grenade,
A la case des grands palmiers !

DONATIEN.
Esclave !

ZAMBA.
Gémissant sous des maîtres altiers...
Et pour ne pas léguer sa détresse profonde

ACTE I, SCÈNE X.

Au malheureux enfant qu'elle allait mettre au monde,
Pour ne pas voir son corps meurtri du fouet sanglant,
Elle aima mieux le perdre et se dit en pleurant :
    Mon fils !.. mon pauvre enfant, pardonne
    A ta mère qui t'a quitté !
    Ah ! je te perds !.. mais je te donne
    Le bonheur et la liberté !

DONATIEN, à part.

    O ma mère je te pardonne,
    Car je te dois la liberté,

ZAMBA.

Elle-même, en secret, elle avait préparé
Ce berceau qui souvent fut mouillé de ses larmes,
Et placé ce joyau, par hasard égaré,
Que sous ses pas un jour elle avait rencontré,
Et portant des Rethel et le chiffre et les armes !
Puis se glissant un soir à bord d'un bâtiment
Qui partait pour la France... elle dit en pleurant :
    Mon fils, à Dieu je t'abandonne !
    Va, fuis ce climat détesté.
    Moi, je te perds, mais je te donne
    Le bonheur et la liberté !

DONATIEN.

    Ma mère... ton amour me donne
    Le bonheur et la liberté !

(Vivement.)

Oh ! si tu la connais, viens, conduis-moi près d'elle !

ZAMBA.

Elle ne le veut pas !.. respecte ses arrêts...

DONATIEN.

Une telle défense est injuste et cruelle.

ZAMBA.

Elevé chez les blancs, tu la mépriserais !

DONATIEN.

    La mépriser !.. Qu'oses-tu dire ?
    Si dans mon cœur tu pouvais lire,
    Tu verrais qu'aux honneurs, au rang,
    Au plus beau sort, mon cœur préfère
    Un seul regard, un baiser de ma mère !

ZAMBA.

Dis-tu vrai ?

DONATIEN.

    Je l'ai dit par le ciel qui m'entend !

ENSEMBLE.

DONATIEN.

    O ma mère ! Ô ma mère !
    Ma vie est avec toi,

(A Zamba.)

    Exauce ma prière,
    Vers elle conduis-moi !
    Que Dieu qui nous protège
    La rende à son enfant,
    Viens, ma mère, dussé-je
    Mourir en t'embrassant.

ZAMBA, à part.

    Ah ! cette voix si chère
    Me fait trembler d'effroi !

    Je sens qu'à sa prière
    Je cède malgré moi !
    O Dieu qui me protège,
    Un seul, un seul instant...
    Rends-moi mon fils, dussé-je
    Mourir en l'embrassant !

ZAMBA, à voix basse.

Sais-tu que si ton nom, ton sang était connu,
Tu deviens à l'instant, comme fils d'une esclave,
Un esclave toi-même... et comme tel vendu ?
    Leurs lois l'ordonnent !.. Le sais-tu ?

DONATIEN, froidement.

Je le sais !

ZAMBA.

Il faut fuir nos tyrans !

DONATIEN.

              Je les brave !
Car j'aime... et je ne veux partir
Qu'avec ma mère et celle qui m'est chère !

ZAMBA.

    Eh bien ! promets-tu d'obéir,
De retourner en France ?..

DONATIEN.

           Oui, si je vois ma mère,
Si sa voix me l'ordonne !..

ZAMBA, avec force.

           Eh bien ! pars à l'instant !
(Etendant les mains vers lui et fondant en larmes.)
C'est elle qui renvoie... et bénit son enfant !
DONATIEN, pousse un cri et se jette dans ses bras.
Ah !..

ENSEMBLE, avec explosion.

    O jour de bonheur et d'ivresse,
    C'est toi, c'est toi que je revoi !

ZAMBA, à demi-voix.

    Tais-toi, mon fils, tais-toi !
    Tout, jusqu'à ta tendresse,
    Me fait trembler d'effroi !..

(Avec délire.)

    C'est lui que dans mes bras je presse,
    C'est bien mon fils que je revoi !

(Avec entraînement.)

    Mon fils !.. mon fils !..

DONATIEN.

           Tais-toi... tais-toi !
    A présent ma tendresse
    Me fait trembler pour toi !

ENSEMBLE.

Tourmens affreux ! tourmens passés !
Ce jour vous a tous effacés !
Et mon cœur, à jamais heureux,
N'a plus à former d'autres vœux !
Je te revois !.. le ciel a comblé tous mes vœux !

(Zamba entraîne son fils par la porte du fond.
La toile tombe.)

FIN DU PREMIER ACTE.

ACTE II.

Le théâtre représente un salon élégant de l'habitation du gouverneur. Une fenêtre au fond, et une autre sur le premier plan à droite. Sur le second plan de droite et de gauche, les portes d'autres appartemens. Les fenêtres et les portes sont ouvertes. Le bal a lieu dans les pièces à côté, et l'on entend le bruit de l'orchestre jouant des airs du pays.

SCÈNE I.

PALÈME, seul, entrant par la porte du fond.

Oh! Comme ils dansent! Quel plaisir!
Comme ils doivent se divertir!
(Montrant les salons à droite, sur le deuxième plan.)
Là les maîtres!.. les demoiselles
Et les dames, nobles et belles!
(Montrant la croisée à droite, sur le premier plan.)
Puis au jardin, loin de leurs yeux,
O passe-temps doux et suaves,
Pauvres nègres, pauvres esclaves
Dansent comme des gens heureux!

(Regardant par la croisée.)

PREMIER COUPLET.

Tra, la, la, la, la, la, la, la!
Oui, bon noir ou bon mulâtre,
De la danse est idolâtre!
Et malgré tout son chagrin,
Quand résonne tambourin :
Pauvre esclave! danse! danse!
Car la danse et la gaîté
Font oublier la souffrance,
Et rêver la liberté!
Tra, la, la, la, la, la, la, la!

DEUXIÈME COUPLET.

Tra, la, la, la, la, la, la, la!
Seul plaisir de l'esclavage,
Le nègre pendant l'ouvrage,
En l'absence du bâton,
Fredonne *petit chanson*.
Pauvre esclave! chante! chante!
Car les chants et la gaîté
Font oublier la tourmente
Et rêver la liberté!
Tra, la, la, la, la, la, la, la!

SCÈNE II.

PALÈME, ZOÉ, portant un plateau de rafraîchis-semens et sortant de la porte du fond.

PALÈME, à part.

La voilà! C'est elle! Et dire que je n'ai jamais osé... (Haut.) Qu'est-ce que vous portez là?

ZOÉ, montrant la porte à droite.

Des rafraîchissemens pour tout ce monde qui danse.

PALÈME.

Ce plateau-là... c'est bien lourd...

ZOÉ.

Non, vraiment!.. car à chaque pas on allège le fardeau.

PALÈME, voulant le lui prendre des mains.

Si je pouvais, à votre place...

ZOÉ.

Toi! Un homme libre!..

PALÈME.

C'est vrai!.. Je suis libre!.. je l'oublie toujours! et je n'en suis pas plus hardi pour cela... Car du temps que j'étais esclave... j'avais un secret à vous confier!..

ZOÉ.

C'est vrai!.. celui d'hier... je n'y pensais plus...

PALÈME.

Moi, j'y pense toujours! un secret dont vous ne vous doutez pas et que vous ne devineriez jamais!

ZOÉ.

Alors, si tu me le disais!..

PALÈME.

C'est une idée... Mais c'est que je ne sais par où commencer.

ZOÉ.

Ne commence pas... et finis tout de suite... ce sera plutôt fait.

PALÈME, avec embarras.

Vous avez raison!.. Or donc mamzelle Zoé, maintenant que je suis libre... libre de parler... silence!..

ZOÉ, qui écoutait.

Quoi donc?

PALÈME.

On vient...

ZOÉ.

C'est M. Denambuc.

PALÈME.

J'aime mieux qu'il ne soit pas là... Dans un autre moment.

ZOÉ.

Comme tu voudras!

PALÈME, avec joie.

Je respire... C'est encore différé, et j'ai du temps devant moi.

(Il sort par la gauche.)

SCÈNE III.

DENAMBUC, sortant rêveur du salon à droite ; ZOÉ, qui a été reprendre son plateau sur la table, s'approche de M. Denambuc.

DENAMBUC, à part.
Juste au moment où je pensais à elle !.. (Haut.) J'étais là avec toi... ainsi tu n'avais pas besoin de venir... c'est inutile.

ZOÉ, lui présentant son plateau.
Je m'en vais, maître...

DENAMBUC.
Non,.. reste !.. Qu'est-ce que tu m'offres là ?

ZOÉ.
Des sorbets et du sirop de limon.

DENAMBUC.
Ah ! cela vient à propos, vu la température.

ZOÉ.
Je crois bien, je meurs de soif et de chaleur.

DENAMBUC, lui prenant le plateau des mains et le lui présentant.
Alors, bois...

ZOÉ, étonnée.
Comment, vous voulez ?..

DENAMBUC.
Bois, te dis-je... je le veux !..

ZOÉ.
Et si l'on nous voyait ?..

DENAMBUC.
On verrait que tu as soif... Ça n'est pas défendu... ici surtout...
(Zoé, a pris un verre et boit, pendant que Denambuc tient le plateau et la regarde.)

DENAMBUC.
Eh bien !.. Qu'est-ce que nous disons ?..

ZOÉ, qui vient de boire.
Je dis que c'est bon !.. et que ça fait du bien !

DENAMBUC.
Tant mieux... Mais ce n'est pas cela que je te demande... Depuis hier je ne t'ai pas parlé... je t'ai laissée tranquille, je t'ai donné tout le temps que tu as voulu... Y a-t-il du changement ?.. L'as-tu oublié ?..

ZOÉ.
Qui ?

DENAMBUC.
Celui dont nous parlions... L'inconnu ?..

ZOÉ.
Non !..

DENAMBUC.
Ça tient toujours ?.. (Elle fait signe que oui, en soupirant.) Ça ne diminue pas ?..

ZOÉ.
Au contraire... je crois que ça augmente.

DENAMBUC, avec bonhomie.
Ça n'est pas naturel !..

ZOÉ.
Je n'en sais rien... mais c'est comme ça... et comme j'ai promis de vous dire...

DENAMBUC.
C'est juste !.. Alors, je vais attendre encore.

ZOÉ, d'un air suppliant.
Non... n'attendez pas,.. mier... la porte au fond du corridor... c'est ma

DENAMBUC, portant la main à sa tête.
Pourquoi ?

ZOÉ.
Vous attendriez trop long-temps, car j'ai idée que ça ne s'en ira pas.

DENAMBUC.
C'est une idée que tu as là...

ZOÉ, montrant son cœur.
Et puis là...

DENAMBUC.
Il faut donc y renoncer... alors... (Avec émotion.) C'est pour te faire plaisir... car moi j'aurais toujours attendu.... Alors, Zoé... adieu !..

ZOÉ, avec expression, et essuyant une larme.
Ah ! ça me fait de la peine !..

DENAMBUC.
Parbleu ! et à moi aussi !.. Mais, si je n'y prends garde... ça deviendra ce que je crains le plus au monde... une passion complète... avec toutes ses conséquences... et ses absurdités naturelles... (Brusquement.) Ainsi... tu as raison... je m'en vais.

ZOÉ.
Et où ça ?..

DENAMBUC.
Ne faut-il pas lui rendre des comptes ?.. Je rentre dans la salle du bal, faire mes adieux à mon neveu le gouverneur et à ma nièce... parce que demain je m'embarque pour six mois... pour un an... tant que cela me tiendra.

ZOÉ, faisant un pas vers lui.
Ah ! mon Dieu !..

DENAMBUC.
Hein ?.. qu'y a-t-il ?

ZOÉ, hésitant.
Rien...

DENAMBUC.
J'ai cru que tu voulais me parler... que tu avais quelque chose à me dire...

ZOÉ, de même.
Non, maître... non.

DENAMBUC.
Alors, adieu !.. Je pars demain matin, à six heures... te voilà avertie... Si d'ici là tu changes d'idée...

ZOÉ.
Monsieur...

DENAMBUC.
Un mot de toi... je décommande le départ, j'ordonne la noce, et sans prévenir ni neveu, ni famille... ma fortune et ma main...

ZOÉ.
Ah ! mon maître, c'est trop de bontés... mais je vous l'ai dit... jamais !.. jamais !..

DENAMBUC, brusquement.
Adieu !.. adieu !..

(Il entre dans le salon à droite.)

SCÈNE IV.

ZOÉ, seule.

Pauvre homme !.. s'éloigner à cause de moi, c'est terrible ! Mais qu'y faire ?.. Je ne peux pas le tromper... Ce n'est pas ma faute si j'en aime un autre... qui m'aime autant que lui...

qui est revenu ici pour moi... qui m'a tout sacrifié!.. (Apercevant Gabrielle qui sort tout agitée du salon.) Ah! mon Dieu! Gabrielle!..

SCÈNE V.
GABRIELLE, ZOÉ.

ZOÉ.
Pourquoi donc, maîtresse, quitter la salle de bal?..

GABRIELLE, troublée.
Pourquoi?..

ZOÉ.
Quelle agitation!.. qu'est-il arrivé?.. Je te dois tout, ma vie est à toi... tu peux tout me confier!..

GABRIELLE.
Ah! Zoé!.. Zoé!..

ROMANCE.
PREMIER COUPLET.

Cet inconnu dont la pensée
Et dont les traits m'étaient si doux!
Dont l'image par moi tracée
Causa les soupçons d'un époux,
C'était lui! Sa seule présence
M'apporte le trouble et l'effroi!
S'il osa braver leur vengeance,
C'était pour moi! c'était pour moi!
    Pour moi!
    Pour moi!

ZOÉ, qui l'a écoutée avec le plus grand trouble.
M. de Rethel?.. Ce n'est pas possible!..

GABRIELLE.
DEUXIÈME COUPLET.

L'œil d'un jaloux a su connaître
L'amour qui le guidait ici!
Amour, que ses regards peut-être,
Et que les miens avaient trahi!
Oui, je sais trop celle qu'il aime,
Et mon cœur, palpitant d'effroi,
M'a dit encor mieux que lui-même
    Que c'était moi!
    C'est moi! c'est moi!
(A Zoé, qui veut parler.)
    Tais-toi!
(Avec passion et à voix basse.)
    C'est moi!

ZOÉ, tremblante.
C'est pour toi qu'il venait... tu en es sûre?..

GABRIELLE.
Plus encore!.. Il me demandait un entretien! « Il faut que je vous parle, m'a-t-il dit à voix basse, pendant que nous dansions... à vous, Madame... à vous seule!.. »

ZOÉ, à part, avec douleur.
O mon Dieu!

GABRIELLE.
Et mon mari était là, derrière nous,...

ZOÉ.
Qui l'a entendu?..

GABRIELLE.
Et depuis, il ne nous a pas quittés des yeux!..

ZOÉ.
Et M. de Rethel?

GABRIELLE.
Il faut qu'il parte!.. qu'il s'éloigne!.. Et je ne peux le lui dire... je ne peux lui parler... Mais toi...

ZOÉ.
Moi, Madame?..

GABRIELLE.
Oui... c'est le plus grand service que j'attende de ton amitié.

ZOÉ, poussant un cri de douleur qu'elle retient.
Ah!..

GABRIELLE.
Qu'as-tu donc?..

ZOÉ.
Rien... Je vous l'ai dit... ma vie est à vous... parlez...

GABRIELLE.
Pourquoi me dis-tu, vous?

ZOÉ.
Pardon, maîtresse... tu aurais mal entendu... Achève...

GABRIELLE.
Tu ne pourrais lui parler dans ce bal, qui grace au ciel bientôt va finir... Mais, demain, de grand matin...

ZOÉ.
Moi!..

GABRIELLE, vivement.
Et comment pourrais-je sans cela...

ZOÉ, de même.
J'irai, maîtresse, j'irai... Je lui parlerai de son amour... du vôtre...

GABRIELLE.
Au contraire... dis-lui... si mon repos lui est cher... qu'il parte demain sans me revoir... car je ne peux pas l'aimer... je ne l'aime pas!..

ZOÉ, avec jalousie.
Si! si!.. tu l'aimes!..

GABRIELLE, hors d'elle-même.
Et quand il serait vrai?..

ZOÉ.
Tu vois bien!..

GABRIELLE.
N'importe!.. Et quant à ce qu'il voulait me dire...

ZOÉ.
Dans ce rendez-vous qu'il te demandait?..

GABRIELLE.
Il te le dira à toi.

ZOÉ, s'oubliant.
Plutôt mourir!..

GABRIELLE.
Quoi donc?

ZOÉ, vivement, et se reprenant.
Plutôt mourir... que de manquer à ma promesse... J'irai, maîtresse.

GABRIELLE.
C'est bien... silence!.. (Affectant un air gai.) C'est mon oncle qui sort du bal... Déjà!..

SCÈNE VI.

ZOÉ, DENAMBUC, GABRIELLE.

DENAMBUC.

Je n'y suis resté que trop long-temps... Je déteste les gens qui s'amusent quand je m'ennuie... et je suis ennuyé, contrarié !.. Aussi, je m'embarque demain, de grand matin, pour un voyage... un voyage d'agrément... qui me contrarie...

GABRIELLE.

Pourquoi, alors ?..

DENAMBUC, regardant Zoé.

Parce qu'il le faut! Ainsi donc... (A Gabrielle.) Embrasse-moi et adieu!

ZOÉ, à mi-voix et le retenant.

Non... ne partez pas!

DENAMBUC, de même.

Est-il possible! Une bonne idée qui t'est venue ?..

ZOÉ, avec trouble.

Oui... oui... j'ai réfléchi... je crois que... je ne l'aime plus!

DENAMBUC, à mi-voix.

Quand je te le disais... cela vient tout d'un coup et s'en va de même... Et demain, à la ville, sans en rien dire à mon neveu ni à ma nièce... sans bruit, sans éclat, dans la chapelle de Saint-Pierre...

ZOÉ, vivement.

Que voulez-vous dire ?

DENAMBUC.

Viens, viens... je te l'expliquerai... et dès que j'ai ta parole...

ZOÉ, hésitant.

Mais, Monsieur...

DENAMBUC.

Tu me l'as promis... tu me l'as dit... Viens, te dis!

(Il entraîne vivement Zoé par la gauche, et Gabrielle qui, pendant cette scène, a été regarder dans le salon à droite, redescend en ce moment.)

SCÈNE VII.

GABRIELLE ; puis, ZAMBA.

MORCEAU D'ENSEMBLE.

(Un air de danse se fait entendre à droite.)

GABRIELLE, assise à gauche.

Ces sons joyeux, ces airs de danse
Redoublent encor mon ennui!

ZAMBA, entrant par la porte du gauche.

Il y a de son existence!
Comment parvenir jusqu'à lui?

(Regardant à droite la porte du salon.)

On ne voudra pas me permettre
D'entrer dans ces riches salons!
Et cependant...

GABRIELLE, assise à gauche et levant la tête.

Qu'est-ce donc?

ZAMBA.

Une lettre
Que pour d'importantes raisons
Au comte de Rethel je voudrais bien remettre.

(Apercevant le gouverneur qui sort en ce moment du salon à droite.)

Ciel! Monseigneur!..

(Elle serre dans sa poche la lettre qu'elle tenait à la main.)

SCÈNE VIII.

LE MARQUIS, ZAMBA, GABRIELLE.

(Le marquis a vu la lettre que Zamba présentait à sa femme. Il passe entre elles deux et amène Zamba par la main au bord du théâtre.)

LE MARQUIS, à mi-voix, à Zamba.

Ainsi, méprisant mon ardeur,
C'est peu de repousser et de braver ton maître,
Tu viens aider encore à trahir mon honneur!

ZAMBA.

Moi! grand Dieu ?

LE MARQUIS, toujours à voix basse.

Ce billet que t'a donné Madame,
Ou que tu lui donnais... d'où vient-il ?

ZAMBA.

A l'instant,
Une esclave, une pauvre femme
Me l'a remis en bas, en me priant
De le porter.

LE MARQUIS.

A qui ?

ZAMBA, à voix haute.

Que vous importe!

GABRIELLE, à part.

O ciel!

LE MARQUIS, avec colère.

A qui ?.. Réponds!

ZAMBA.

A monsieur de Rethel!

LE MARQUIS, de même.

Voyons?

ZAMBA.

Non pas!

LE MARQUIS, avec force.

Voyons!

ZAMBA.

Ce billet est pour lui,
Et nul autre que lui ne doit le lire ici!

ENSEMBLE.

GABRIELLE.

Ah! de frayeur je suis tremblante!
Quel est donc ce fatal écrit?
Je le vois, sa colère augmente,
Je crains sa rage et son dépit!

ZAMBA.

Je brave sa voix menaçante,

Et sa colère et son dépit !
Vainement, sa fureur augmente ;
Il ne verra pas cet écrit !
LE MARQUISE.
Devant moi, soumise et tremblante,
Livre-moi ce fatal écrit !
Ou soudain, cette main puissante
Et te brise et t'anéantit !

(A la fin de cet ensemble, le marquis saisit sur la table un fouet qu'il lève sur Zamba.)

SCÈNE IX.
ZAMBA, DONATIEN, LE MARQUIS, GABRIELLE.

(Donatien, sortant de la salle de bal et se jetant entre Zamba et le marquis, et arrachant des mains de celui-ci le fouet qu'il tenait levé.)

DONATIEN.
Arrêtez !
LE MARQUIS.
C'est une esclave pour moi !
DONATIEN.
Pour moi, c'est une femme et c'est...
ZAMBA.
Tais-toi ! tais-toi !
DONATIEN.
Et je viens la défendre !
LE MARQUIS.
Ah ! ce n'est pas pour elle
Que vous venez ici !
DONATIEN.
Eh ! pour qui donc ?
LE MARQUIS, montrant Gabrielle qui, pendant ce temps, a remonté le théâtre.
Pour qui ?
(Allant la chercher et l'amenant par la main.)
Et tenez, tenez, la voici
Au rendez-vous fidèle !*
GABRIELLE, à son mari.
Quoi ! Monsieur...
LE MARQUIS.
Rendez-vous auquel se rattachait
Ce mystérieux billet,
(Montrant Zamba.)
Qu'elle refuse en vain de me remettre,
Je l'aurai ! je l'aurai !
ZAMBA.
Jamais, car cettre lettre
(Montrant Donatien.)
Est pour Monsieur... et lui seul la lira !
LE MARQUIS.
Vous l'espérez en vain ! et d'un outrage infâme
Son sang d'abord me vengera,

* Zamba, Gabrielle, le Marquis, Donatien.

Car cette lettre est de ma femme !
GABRIELLE, poussant un cri.
De moi ?
LE MARQUIS.
De vous !
DONATIEN, vivement.
Sortons ! Monsieur, sortons !
GABRIELLE.
Arrêtez !
(Arrachant la lettre que Zamba vient de déchirer en deux morceaux.)
Donne !
ZAMBA, voulant la ravoir.
O ciel !
GABRIELLE, avec impatience.
Ne crains rien, sur mon âme !
(Au marquis, lui remettant la lettre.)
Lisez ! et rougissez, Monsieur, de vos soupçons !
(Le marquis réunit les deux morceaux de la lettre et lit tout bas. Pendant ce temps, l'orchestre exprime les sentimens qu'il éprouve.)

ENSEMBLE.

ZAMBA.
Ah ! de frayeur, je suis tremblante ;
Dieu tout-puissant, veille sur lui !
Ah ! je sens ma force expirante,
Et mon espoir anéanti !
GABRIELLE, regardant son mari.
Ah ! de frayeur, je suis tremblante,
Mais loin de calmer son esprit,
On dirait que sa rage augmente !
Que renferme donc cet écrit ?
DONATIEN.
Ah ! ce retard encor augmente
Et ma vengeance et mon dépit !
Ah ! trop longue est pour moi l'attente,
Sortons, Monsieur, vous l'avez dit !
(Au marquis, qui lit toujours.)
Sortons ! sortons !
LE MARQUIS, lisant toujours.
Patience !
DONATIEN, avec colère.
Me rendez-vous enfin raison ?
LE MARQUIS, avec un sang-froid insolent.
Non, Monsieur, non !
DONATIEN, hors de lui.
Non ! lorsqu'avec tant d'insolence
Vous m'avez défié ?.. sur-le-champ ou sinon...
(Prenant le fouet qu'il a jeté sur la table, il lève le bras sur le marquis ; celui-ci, toujours avec le même sang-froid, agite une sonnette qui est sur la table. A ce bruit, entrent plusieurs esclaves.)
LE MARQUIS, montrant Donatien.
Qu'on arrête cet homme !

SCÈNE X.

LES MÊMES, TOUTES LES PERSONNES DU BAL, accourant au bruit.

CHŒUR, hommes et femmes.

Ah ! quel bruit, quel scandale !
Quels éclats de fureur !
Je tremble et rien n'égale
Mon trouble et ma terreur !

DONATIEN, montrant le Marquis.

J'offre à Monsieur de venger un outrage
En gentilhomme et l'épée à la main.

LE MARQUIS.

Oui, c'était d'abord mon dessein,
Et j'aurais de grand cœur éprouvé son courage
Si l'on pouvait sans déshonneur
Se commettre avec un esclave !

TOUS.

Un esclave ! grands dieux !

LE MARQUIS, montrant la lettre qu'il tient.

Oui, Messieurs, un épave,
Je vous le prouverai, moi... moi, le gouverneur !

ENSEMBLE.

GABRIELLE et ZAMBA.

Découverte fatale !
Qui me glace d'horreur ;
Je tremble et rien n'égale
Mon trouble et ma terreur !

LE MARQUIS et LE CHŒUR.

Infamie et scandale !
Pour nous, quel déshonneur !
C'est affreux ! rien n'égale
Ma honte et ma fureur !

DONATIEN.

Découverte fatale !
O honte ! ô déshonneur !
Le lâche ! rien n'égale
Ma rage et ma fureur !

LE MARQUIS, à d'autres esclaves, leur montrant Donatien.

Qu'on le saisisse ! qu'on l'enchaîne !

DONATIEN.

J'en appelle !

LE MARQUIS, souriant, avec ironie.

A qui donc ? A moi le gouverneur ?

GABRIELLE, s'adressant à son mari.

Monsieur, Monsieur, de grace !

LE MARQUIS, regardant d'un air railleur, Zamba et sa femme.

Ah ! c'est vraiment grand' peine,
Je le conçois, de voir un galant séducteur
Mourir sous le fouet d'un commandeur !

(A haute voix et se retournant vers l'assemblée.)

Fils d'esclave, et lui-même esclave,
Il n'a pour être libre aucun titre connu !
Et nous ordonnons donc, que demain, comme épave,
Selon le code noir, il soit vendu !

TOUS.

Vendu !

DONATIEN, à part.

Plutôt la mort !

ENSEMBLE.

DONATIEN.

Quoi ! sans m'entendre,
On vient m'apprendre
Qu'on va me vendre
Et m'avilir ?
Ignominie,
Dans l'infamie,
Traîner ma vie,
Plutôt mourir !

GABRIELLE et ZAMBA.

Quoi ! sans l'entendre,
Sans le défendre,
Vouloir le vendre
Et le flétrir !
O perfidie !
Sauvons sa vie
Que l'infamie veut avilir !

LE MARQUIS.

Amant si tendre
Qu'on veut défendre,
Je vais te vendre
Et t'avilir !
Rien ne délie
De l'infamie ;
Toute sa vie,
Il doit servir.

CHŒUR.

Dieu ! quel esclandre !
Oui, sans l'entendre,
Il faut le vendre
Et le punir.
Rien ne délie
De l'infamie.
Toute sa vie,
Il doit servir !

ZAMBA, s'approchant de Donatien, et à voix basse.

Je te délivrerai... Courage !
Mais si le sort trahit mon bras,

(Lui glissant un couteau dans la main.)

Tiens, mon fils... tiens... A l'esclavage
On échappe par le trépas !

DONATIEN, avec joie.

Et, demain, j'en réponds, ils ne me vendront pas !

ENSEMBLE.

DONATIEN.

Je puis attendre
Et me défendre.
Qui ? lui, me vendre
Et m'avilir !
Je l'en défie !
Sauvant ma vie
De l'infamie,
Je peux mourir !

GABRIELLE, ZAMBA, PALÈME.

Quoi ! sans l'entendre,
Sans le défendre,
Vouloir le vendre

Et le flétrir !
O perfidie !
Sauvons sa vie,
Que l'infamie
Veut avilir !

LE CHOEUR.

Ah ! quel esclandre !
Sans rien entendre,
Il faut le vendre
Et le punir.
Rien ne délie
De l'infamie;
Toute sa vie,
Il doit servir !

LE MARQUIS.

Amant si tendre
Qu'on veut défendre,
Je vais le vendre
Et t'avilir !
Rien ne délie
De l'infamie;
Toute sa vie,
Il doit servir !

(Des esclaves armés emmènent Donatien. Toutes les personnes du bal prennent congé du marquis et de Gabrielle. D'autres esclaves éteignent les lustres de l'appartement. Il ne reste qu'un flambeau sur la toilette à gauche, et un autre sur la table à droite.)

SCÈNE XI.

GABRIELLE, s'asseyant à gauche, près de sa toilette, que des esclaves viennent d'approcher; ZOÉ, ZAMBA, sur le devant du théâtre; LE MARQUIS, au fond, saluant et congédiant ses conviés.

ZOÉ, regardant Gabrielle, puis Donatien que l'on emmène.

Que je le plains ! Séparé à jamais de celle qu'il aime !

ZAMBA, à voix basse.

De toi !

ZOÉ.

Que dis-tu ?

ZAMBA, de même.

Qu'au péril de ses jours, c'est toi qu'il venait chercher.

ZOÉ.

Et ma maîtresse ?.. et ce rendez-vous qu'il lui demandait ?..

ZAMBA.

Pour obtenir d'elle ta liberté et partir avec toi.

ZOÉ, poussant un cri.

Ah !.. (Vivement.) Il faut le délivrer !

ZAMBA, froidement.

Ou mourir !..

ZOÉ, avec étonnement.

Toi !.. Et qui donc es-tu ?

En ce moment le gouverneur, qui a congédié tous les conviés, redescend le théâtre, et s'approche de Zamba. Zoé s'éloigne et va à la toilette aider Gabrielle à défaire sa coiffure et à ôter les diamans.)

LE MARQUIS, sévèrement.

Il faudra m'apprendre, Zamba, qui t'avait remis pour lui ce billet mystérieux et sans signature.

ZAMBA.

Je vous l'ai dit, une esclave que je ne connais pas.

LE MARQUIS.

Alors et pour t'être chargée de ce message, tu sais le sort qui t'attend, (Baissant la voix.) à moins que la fière Zamba, oubliant enfin son orgueil...

ZAMBA, avec indignation.

Moi ?.. jamais !

LE MARQUIS.

Sortez. (A Zoé.) Toi aussi.

(Zamba sort par la deuxième porte à gauche, et Zoé par la première, qui donne dans l'appartement de Gabrielle.)

SCÈNE XII.

GABRIELLE, LE MARQUIS.

GABRIELLE, après avoir hésité, s'approche de son mari, qui vient de se jeter dans un fauteuil et tient encore la lettre à la main.)

Vous voyez, Monsieur, combien vos soupçons étaient injustes !

LE MARQUIS.

Croyez-vous ?.. (Regardant autour de lui.) Mais tous nos hôtes sont partis. Que je ne vous empêche pas d'achever votre toilette.

GABRIELLE, s'approchant de la toilette et défaisant ses diamans.

Il n'est pas possible que vous exerciez un pareil acte de rigueur ?

LE MARQUIS, avec ironie.

Vous voulez dire de justice !.. C'est un esclave !.. cette lettre, que je soumettrai au conseil colonial, le prouve évidemment. (Lisant.) « Hâte-toi de revoir celle que tu aimes et de la »décider à nous suivre... »

GABRIELLE.

Monsieur...

LE MARQUIS.

Je ne me charge pas d'expliquer cette phrase... mais celle-ci : « Il faut partir ! non pas »dans deux jours... mais ce soir... Demain, un »vaisseau doit mettre à la voile pour la France, »et nous soustraire au danger qui nous me-»nace... Il est ici quelqu'un que je viens d'a-»percevoir... Reconnue par lui, je suis condam-»née à la mort, et toi à l'esclavage... » (Souriant avec ironie.) Vous voyez quel est le descendant des nobles comtes de Rethel..

GABRIELLE.

Quel qu'il soit, Monsieur, absent depuis son enfance, nul ne peut le réclamer.

LE MARQUIS.

Justement !.. Un esclave sans maître appartient au gouvernement, cas prévu par les lois que je suis chargé de faire respecter. (A sa femme qui s'approche encore de lui.) Qu'est-ce encore?..

GABRIELLE.

Je n'insiste plus, Monsieur, mais je vous ferai seulement observer que ce jeune homme a sauvé la vie à M. Denambuc, mon oncle...

LE MARQUIS.

Je ne suis pas chargé de payer les dettes de votre oncle... je doute qu'il payât les miennes... Mais ni lui, ni moi, n'y pouvons rien!.. La loi est là! et, demain, il sera vendu et il mourra sous le fouet du commandeur... parce que... vous l'aimez.

GABRIELLE, poussant un cri.

Moi... Monsieur?.. Quelle idée!.. Qu'il soit sauvé... qu'il parte... et je consens à ne plus le revoir! (S'efforçant de sourire.) car loin de moi, je vous le répète.., loin de moi les sentimens que vous me supposez...

LE MARQUIS.

Si vous voulez que je le croie... cessez donc de parler pour lui... On vient. Rentrez dans votre appartement.

(Gabrielle a pris le flambeau qui était sur la toilette et sort par la porte à gauche. Le théâtre reste un moment dans l'obscurité.)

SCÈNE XIII.

LE MARQUIS, MATHIEU.

(Zamba paraît à la porte de gauche, se glisse dans l'obscurité le long des fauteuils et des canapés à gauche, et se cache derrière la toilette.)

LE MARQUIS.

Ah! c'est Mathieu, mon vieux commandeur... Eh bien! cet esclave...

MATHIEU.

Enfermé dans la prison de l'atelier, en face vos fenêtres...

LE MARQUIS.

Tu m'en réponds?

MATHIEU.

Oui, maître! un cachot sans fenêtre ni soupirail, deux portes seulement, dont voici les clés ainsi que celles de la maison.

LE MARQUIS.

C'est bien! Demain, au point du jour, il faut que cet esclave soit conduit avec les autres, à Saint-Pierre; c'est jour de marché.

MATHIEU, secouant la tête.

Hum!.. cette denrée-là est en baisse... cela se vendra mal.

LE MARQUIS.

Tant mieux!

MATHIEU.

Est-ce que Monseigneur voudrait l'acheter?

LE MARQUIS.

Oui.

MATHIEU.

Mais, comme président de la vente, pour le gouvernement, Monseigneur ne pourra enchérir par lui-même!..

LE MARQUIS.

Rassure-toi... je trouverai quelqu'un. Bonne nuit, mon vieux Mathieu!

MATHIEU.

Bonne nuit, maître! et n'oubliez pas qu'au point du jour les membres du conseil colonial viendront ici vous chercher...

LE MARQUIS.

Les membres du conseil?.. C'est bien... Tu m'éveilleras, tu m'appelleras... Je les recevrai.

(Mathieu sort par la porte à gauche. Le Marquis entre dans l'appartement à droite.)

SCÈNE XIV.

ZAMBA, paraissant.

RÉCITATIF.

Ces clés... je les aurai!.. ces clés... j'irai les prendre
Pour délivrer mon fils, le sauver, le défendre!
Et si par le destin mes projets sont trahis,
C'est encor un bonheur de mourir pour mon fils!

(Tombant à genoux.)

   Vierge Marie!
   Toi que je prie,
   Toi que tout bas
  J'implore, hélas!
Veille sur moi, conduis mes pas.
  Ce n'est pas une amante
  Qui, le cœur plein d'attente,
  Réclame ton appui!
  D'une mère tremblante,
  C'est la voix gémissante
  Qui s'élève aujourd'hui.

  Vierge Marie!
  Toi que je prie, etc.
  Allons! il doit dormir,
  Allons! il faut ouvrir.

(Elle va à la porte à droite, et s'arrête.)

  Allons!
  Ouvrons!..

(Elle ouvre la porte et regarde.)

A la lueur de la lampe de nuit,
Tout habillé, je le vois qui sommeille...
Je vois ces clés... ces clés au chevet de son lit.
  Et si je puis, sans qu'il s'éveille,
  Si je puis les saisir...

(Elle fait un pas et revient.)

  Il vient de tressaillir!..
  Ah! je tremble et j'hésite!
  Mon cœur bat de frayeur!
  Faiblesse qui m'irrite!
  Dieu me guide, et j'ai peur!
  Allons! allons!
  Courage, avançons!..

STRETTE DE L'AIR.

  Marchons sans crainte,
  Oui, plus d'effroi!
  La Vierge sainte
  Veille sur moi!
Avançons-nous sans bruit,
C'est Dieu qui me conduit!

(Elle entre doucement dans la chambre à droite. La musique continue en sourdine. Zamba reste quelque temps dans l'appartement. Mouvement plus agité dans l'orchestre. Elle ressort vivement, et comme poursuivie, puis, se sauve de l'autre côté du théâtre, à gauche, au moment où le marquis, en tenant sa lampe à la main, se précipite de la chambre à droite, et s'arrête devant Zamba. Il pose sa lampe sur la table.)

SCÈNE XV.

LE MARQUIS, ZAMBA.

ZAMBA.

Ces clés... j'allais les prendre!
Il s'est éveillé... c'est lui!

LE MARQUIS.

Zamba, c'est toi!
Seule... la nuit... chez moi!
Qui t'amène?

ZAMBA, baissant les yeux.

Que dire?..

LE MARQUIS, la regardant en souriant.

Oui-da! je crois comprendre...
Tes torts de ce matin t'effraient maintenant!
Redoutant mon ressentiment,
Tu venais, par crainte ou par ruse,
Plus que par repentir, me demander excuse.

ZAMBA.

C'est vrai...

DUO.

LE MARQUIS, retenant Zamba, qui veut s'éloigner.

Ce pardon, cette grace,
Que tu viens demander,
Oui, malgré ton audace
Je puis te l'accorder!

ZAMBA, à part, sans l'écouter.

Comment le délivrer?

LE MARQUIS, continuant.

Mais, pour moi, moins sévère,
Adoucis ta rigueur!
Par quels moyens te plaire
Et séduire ton cœur?

ZAMBA, à gauche, près de la toilette, et sans écouter le marquis, à part.

Comment sauver sa vie?

(Regardant sur la toilette les diamans, que Gabrielle vient d'y laisser.)

O ciel! ces diamans!

(Les regardant avec envie.)

Ces diamans!..

LE MARQUIS, à part, et la regardant.

Son œil contemple avec envie
Cette parure aux feux étincelans!

(S'approchant d'elle.)

Eh bien! belle Zamba!

ZAMBA.

Non, Zamba n'est pas belle!

Et mainte noble dame, ici lui fait affront!
Mais, peut-être Zamba brillerait autant qu'elle
Si l'or et les bijoux ennoblissaient son front!

LE MARQUIS, à part, souriant en la regardant.

J'entends! j'entends!

ENSEMBLE.

LE MARQUIS.

Ah! comme elle est émue!
Un charme tentateur
Vient fasciner sa vue,
Et séduire son cœur!

ZAMBA.

Je sens qu'à cette vue
L'espoir rentre en mon cœur,
Et de mon âme émue
Vient calmer la terreur!

LE MARQUIS, passant près de la table, et prenant les bijoux.

Cet écrin, du moins je l'augure,
A charmé tes yeux éblouis!

ZAMBA, le repoussant de la main.

Non... il est à Madame...

LE MARQUIS.

Il est vrai!.. J'ai promis
De lui changer cette parure!
C'est mon dessein! chacun doit y gagner!.. Ainsi,
Prends! elle est à toi, la voici!

ZAMBA, tressaillant de joie.

A moi! à moi!

LE MARQUIS.

Quel bonheur brille en ses traits ravis!

ZAMBA, à part, serrant les diamans contre son cœur.

O mon fils! mon fils!

ENSEMBLE, agitato.

LE MARQUIS, à part.

Oui, cette âme si fière!
Qui bravait mes transports,
Maintenant, moins sévère,
M'écoute sans remords!

(A Zamba.)

A ton maître qui t'aime,
Abandonne ton cœur...
Viens! O moment suprême
D'ivresse et de bonheur!..

ZAMBA, à part.

Je puis donc le soustraire
A la honte, à la mort!

(Montrant le marquis.)

Mais ici, comment faire,
Pour l'abuser encor?
Dieu, mon juge suprême,
Toi qui lis dans mon cœur,
Contre un tyran qui m'aime,
Viens, sois mon protecteur!

CHŒUR DE COLONS, au-dehors.

Déjà, voici l'aurore

ACTE III, SCÈNE I.

Et ses premiers rayons,
Et vous dormez encore;
Debout, riches colons!

ZAMBA, avec joie.

Écoutez! écoutez! on se lève, on s'éveille!
Entendez-vous ces pas tumultueux?
Et voici briller dans les cieux
Les premiers feux de l'aurore vermeille!

MATHIEU, en dehors.
Maître, voici le jour, on arrive...
ZAMBA.
Écoutez... l'on vient de ce côté...
LE MARQUIS.
Non, non... l'on ne vient pas encore...

ENSEMBLE.

LE MARQUIS.

Rien ne peut te soustraire
A mes brûlans transports!
Écoute-moi, ma chère,
Sans crainte et sans remords,
A ton maître qui t'aime,
Abandonne ton cœur,
Viens! O moment suprême
D'ivresse et de bonheur!

ZAMBA.

Ah! que faire? que faire?
Et malgré mes efforts,
Comment donc me soustraire
A ses brûlans transports?
Dieu, mon juge suprême,
Toi qui lis dans mon cœur,
Contre un tyran qui m'aime,
Viens, sois mon protecteur!

(Le jour a paru, le fond du théâtre s'éclaire.)

SCÈNE XVI.

ZAMBA, LE MARQUIS, MATHIEU, suivi des MEMBRES DU CONSEIL COLONIAL.

MATHIEU, au marquis.
Le conseil colonial.

(Les membres du conseil, introduits par Mathieu, saluent le marquis, qui va au-devant d'eux en les invitant d'entrer dans son appartement; il revient près de Zamba, qui lui fait signe qu'on l'attend. Le marquis entre alors dans sa chambre, suivi du conseil colonial. Zamba sort vivement par la gauche. Pendant cette pantomime, on entend au-dehors le chœur suivant :)

Pour nous, c'est jour de fête,
C'est un jour de plaisir!
Au marché qui s'apprête,
Hâtez-vous d'accourir!

(Le rideau baisse.)

FIN DU DEUXIÈME ACTE.

ACTE III.

Le théâtre représente une place de la ville de Saint-Pierre, à la Martinique. — A gauche, la façade de l'hôtel de ville, où le conseil colonial tient ses séances. On y arrive par un perron. — Au-dessus du perron, une banne ou espèce d'auvent en étoffe, pour préserver de la chaleur. — Au milieu du théâtre, plusieurs arbres en forme demi-circulaire et dont le vaste feuillage ombrage toute la place. — A travers les branches, on aperçoit dans le lointain toute la ville de Saint-Pierre. — Au milieu de la place, un poteau avec plusieurs anneaux de fer où l'on attache les esclaves en vente. — A droite, à gauche et au fond du théâtre, des chaises ou des bancs disposés pour les acheteurs ou les curieux.

SCÈNE I.

PALÈME, descendant les marches de l'hôtel de ville; ZAMBA, entrant par la droite.

PALÈME.

Personne encore sur la place publique... Une heure d'ici au marché... (Apercevant Zamba.) Ah! c'est toi, Zamba?.... Eh! bien, c'est fini. Je sors du conseil colonial qui vient comme, ils le disent, d'entériner mes lettres d'affranchissement, et je suis libre... Tu vois un homme libre!..

ZAMBA.
Ah! tu es bien heureux!..
PALÈME.
Ce qui ne m'empêchera pas de rendre service à mes anciens camarades, quand l'occasion se présentera... (Lentement et la regardant.) Et j'ai idée, Zamba, que pour toi elle se présente!..

ZAMBA.
Que veux-tu dire?
PALÈME, montrant l'hôtel de ville.
Pendant que j'étais là à attendre qu'on m'expédiât, les membres du conseil causaient avec un marchand qui arrivait pour la première fois à Saint-Pierre... Il venait de rencontrer et de reconnaître une esclave qui, depuis quelques années, avait disparu de la Grenade et qu'on avait vainement poursuivie... une nommée Zabi !

ZAMBA, à part.
O ciel!
PALÈME.
Cela te trouble?

ZAMBA, froidement.
Que veux-tu que cela me fasse?

PALÈME.
C'est que le signalement qu'il en donnait et qu'il doit remettre au gouverneur ressemblait exactement au tien!.. J'étais là, je n'ai pas soufflé le mot, mais je dis actuellement à Zamba : Que si elle est Zabi... ce qu'elle a de mieux à faire est de s'éloigner, car demain on commencera les recherches.

ZAMBA, à part.
Demain nous serons embarqués! (Haut.) Je te remercie... je n'ai rien à craindre... ce n'est pas moi.

PALÈME.
Comme tu voudras...

ZAMBA.
Rends-moi un autre service... toi qui venais souvent à Saint-Pierre... J'ai des boucles d'oreilles à acheter... Connais-tu un joaillier?

PALÈME.
Là, sur la grande place, ces riches et nouveaux magasins...

ZAMBA.
J'en viens... ils m'ont surfait de moitié... (A part, et regardant les diamans.) M'offrir trois mille livres... cela en vaut cinq pour le moins! (Haut.) J'en veux un autre... un honnête homme.

PALÈME.
C'est différent... Rue des Bananiers, aux Balances d'or... une vieille et ancienne boutique.

ZAMBA.
Merci!.. J'y cours! Adieu, Palème, adieu!..
(Elle sort.)

SCÈNE II.

PALÈME, puis, GABRIELLE et ZOÉ, descendant de l'hôtel de ville.

PALÈME.
Elle a un air singulier, la capresse... comme toujours du reste, et elle m'a serré la main d'une force...

GABRIELLE, à Zoé.
Oui... c'est l'usage et la mode... Toutes les dames de Saint-Pierre viennent d'ordinaire à cette vente... J'ai dit à mon mari que je ferais comme elles... que j'irais aussi...

ZOÉ.
Et tu as bien fait... Tiens... tiens voilà Palème, dont nous parlions tout à l'heure.

PALÈME.
C'est Zoé...

ZOÉ, à demi-voix, à Gabrielle.
Il n'y a que lui à qui nous puissions nous adresser... Mais sois tranquille, je ne te compromettrai pas.

PALÈME, regardant Zoé.
Comme elle me regarde... si je reprenais notre conversation d'hier.!

ZOÉ.
Palème, nous avons à te parler?

PALÈME.
Et moi aussi!..

ZOÉ.
Nous avons besoin de ton zèle et de ta discrétion.

PALÈME.
Pour ce qui est de ça, l'on peut compter sur moi!..

ZOÉ.
C'est ce que je disais à Madame!.. La vente va bientôt commencer, et comme tous les autres habitants de la colonie, tu pourrais maintenant y prendre part!

PALÈME.
Je crois bien! je suis libre... je peux acheter des esclaves!.. tant que je voudrai... mais vu que je n'ai rien!..

GABRIELLE, vivement.
Si ce n'est que cela...

PALÈME.
Que voulez-vous dire?

ZOÉ, à demi-voix.
Qu'il y a un jeune homme... un nommé Donatien... celui que tu as vu l'autre jour pendant l'orage...

PALÈME.
Oui! On m'a dit cela... Le voilà comme j'étais hier... esclave!

ZOÉ.
Nous voulons le racheter.

GABRIELLE.
Sans qu'on le sache ou qu'on s'en doute.

PALÈME.
Pourquoi cela?

ZOÉ.
Monsieur le gouverneur a besoin d'un secrétaire qu'il hésite à se donner... et sa femme voudrait, à son insu, lui faire ce cadeau.

PALÈME, riant.
Une surprise!..

ZOÉ.
Justement... Pour cela, il faut que tu l'achètes en ton nom.

PALÈME, à Gabrielle.
C'est dit... A vos ordres, maîtresse... car vous l'êtes toujours... Et maintenant, Zoé, j'aurais voulu, devant Madame, vous parler d'une chose...

ZOÉ, sans l'écouter.
Toi qui t'y connais, qu'est-ce que cela peut valoir?..

PALÈME.
Dame! d'après moi, qu'on estimait neuf cents livres, cela peut valoir de quatre à cinq...

ZOÉ, regardant sa maîtresse.
Nous en avons là deux mille!..

PALÈME.
C'est trop! mais je vous rendrai! (A Zoé,) Comme je vous disais donc, Zoé, pour en revenir à mon idée...

ZOÉ, lui remettant une bourse qu'elle a prise des mains de sa maîtresse.
Tiens, voici la somme!

GABRIELLE, apercevant le gouverneur qui vient de paraître au haut de l'escalier de l'hôtel de ville.
C'est mon mari!

PALÈME, continuant.
Je voulais vous apprendre...
ZOÉ.
Plus tard... plus tard... (Prenant le bras de sa maîtresse et continuant avec elle sa promenade.) Songe à ce que je t'ai dit, et silence avec tous!
(Toutes deux passent devant Palème et sortent par la droite.)

SCÈNE IV.

PALÈME; puis, LE MARQUIS, tenant à la main des papiers. Du haut de l'escalier il a observé ce qui vient de se passer, et descend lentement en serrant dans sa poche les papiers qu'il tenait à la main.

PALÈME, à part.
Plus tard!.. plus tard!.. A force de retarder, elle ne saura jamais ce qui en est!.. Mais, enfin, et puisqu'il s'agit de lui rendre service... ça fait toujours prendre patience.
LE MARQUIS, regardant la bourse d'or que tient Palème.
Ah! Palème!.. le nouvel affranchi, les mains pleines d'or!
PALÈME, la serrant dans sa poche.
Dieu! Monseigneur!
LE MARQUIS, souriant.
Tu n'as pas besoin de le cacher... je l'ai vu! et je sais même qui te l'a donné... C'est Zoé, tout à l'heure...
PALÈME.
Ah! mon Dieu! vous savez...
LE MARQUIS, souriant.
Et comme Zoé n'a rien et ne saurait même rien avoir... cet argent ne peut être que celui de sa maîtresse.
PALÈME, à mi-voix.
Eh bien!.. eh bien! si vous êtes au fait, Monseigneur, ne dites rien! parce que j'ai promis le secret.
LE MARQUIS, froidement.
Soit!.. je serai censé ne rien savoir.
PALÈME.
C'est ce qu'il faut, à cause de la surprise!.. et même vous auriez l'air étonné, tantôt... quand vous me verrez surenchérir... que cela n'en vaudrait que mieux!
LE MARQUIS, s'efforçant de sourire.
Ah! c'est toi qui dois surenchérir?
PALÈME.
Oui, Monseigneur.
LE MARQUIS, de même.
Pour cet esclave... ce Donatien que ma femme veut acheter?
PALÈME.
Pour vous en faire cadeau.
LE MARQUIS, froidement.
J'entends bien... je le savais... Et combien t'a-t-elle donné pour cela?
PALÈME.
Deux mille livres.
LE MARQUIS, avec colère.
Une somme pareille!

PALÈME.
C'est trop, n'est-il pas vrai?
LE MARQUIS, se reprenant.
Non, vraiment... Il vaut bien cela... Je prévois même qu'il pourra y avoir concurrence...
PALÈME, naïvement.
Vous croyez?
LE MARQUIS.
Et comme je tiens à ce que la surprise ait lieu, c'est moi qui veux faire cadeau de cet esclave à ma femme.
PALÈME, à part.
Tant mieux! il sera plus heureux!
LE MARQUIS, lui donnant une bourse.
Voici donc deux mille livres.
PALÈME.
De plus?
LE MARQUIS.
Comme tu voudras... pourvu que tu n'oublies pas que c'est pour moi, pour mon compte, que tu achètes cet esclave!.. et si on te l'adjuge, si tu l'emportes, je te promets pour récompense de te donner...
PALÈME.
Quoi donc?
LE MARQUIS.
Celle que tu aimes... Zoé!
PALÈME, hors de lui.
Est-ce possible!.. Quoi! vous auriez deviné?..
LE MARQUIS, souriant.
Je devine tout... et je te le répète, si nous l'emportons à cette vente....
PALÈME, vivement.
Nous l'emporterons, Monseigneur, quand je devrais étrangler tous nos concurrens!..

(En ce moment, l'horloge de l'hôtel de ville sonne midi. On entend une cloche annonçant le commencement de la vente. On accourt de tous côtés. — A gauche, Palème et un groupe de femmes élégamment parées. Elles s'asseyent sur des chaises, ayant à côté d'elles des petits nègres tenant des parasols au-dessus de leur tête. A droite, Gabrielle et plusieurs dames. Zoé est assise aux pieds de sa maîtresse. Sur le perron de l'hôtel de ville le marquis et plusieurs membres du conseil colonial. A droite et à gauche, debout et derrière les dames assises, des groupes d'acheteurs ou de curieux. Au fond, les esclaves à vendre que l'on amène.)

MORCEAU D'ENSEMBLE.

CHOEUR.

Les voici! ce sont eux!
Ce sera piquant... ce sera curieux!

(On voit paraître cinq ou six esclaves et Donatien marche à la tête.)

DONATIEN, sur le devant du théâtre et pendant que derrière lui on attache aux anneaux de fer du poteau ses compagnons d'esclavage.

AIR.

Non, vous n'aurez pas cet esclave
Promis à votre cruauté;
J'échappe aux tyrans que je brave,
En mes mains est la liberté!

(Montrant le couteau que Zamba lui a donné et
qu'il tient caché dans son sein.)

J'ai dans mes mains la liberté!
Adieu, toi qui me fus chère,
Zoé!.. toi, mes seuls amours!
Adieu donc, ma pauvre mère!
Et cette fois, pour toujours!..

Mais, du moins...

Ils n'auront pas cet esclave
Qu'espère en vain leur cruauté!
J'échappe aux tyrans que je brave;
En mes mains est la liberté,
La mort me rend la liberté!..

(Il tire le couteau de son sein et va pour s'en frapper. Zoé, qui est à gauche du théâtre, saisit sa main droite.)

ZOÉ, à mi-voix.

Arrêtez!

(Elle s'empare du couteau, qu'elle laisse doucement tomber à ses pieds.)

DONATIEN, étonné.

O ciel!

GABRIELLE, à voix basse.

Espérance et courage!

ZOÉ, de même.

Gardez des jours si chers!

(En ce moment, Zamba entre vivement par la gauche et se trouve près de Donatien, à qui elle dit à voix basse:)

ZAMBA.

Bientôt plus d'esclavage,
Je briserai tes fers!

ENSEMBLE.

GABRIELLE et ZOÉ.

Espérance et courage,
Supportez vos revers;
Bientôt, plus d'esclavage,
On va briser vos fers!

DONATIEN, étonné, regardant les trois femmes.

Espérance et courage,
Les cieux me sont ouverts;
Bientôt de l'esclavage
On brisera mes fers!

ZAMBA.

Espérance et courage!
Bientôt plus de revers;
Bientôt plus d'esclavage,
Je briserai tes fers!

(Pendant cet ensemble, on a attaché aux anneaux du poteau les autres esclaves qui sont assis à terre, tournant le dos au spectateur. Un cercle de soldats ferment le fond du théâtre. On entraîne Donatien, qui se laisse enchaîner et qui est debout vis-à-vis les spectateurs. Zamba se rapproche de lui, et pendant la première moitié du morceau suivant se tient à l'écart.)

LE MARQUIS, sur le perron de l'hôtel de ville.

Aux termes du code noir, moi,
Gouverneur de cette île et lieutenant du roi,
Je déclare, Messieurs, la vente commencée.

(Le marquis s'assied, ayant à ses côtés deux conseillers coloniaux. Un huissier est devant une table au pied du perron, pour recevoir les enchères; des nègres distribuent à la foule des programmes imprimés de la vente; on en présente à Gabrielle, à Zoé et au groupe de colons qui sont debout derrière elles, à droite.)

GABRIELLE, montrant le papier à Zoé.

Vois-tu... le numéro premier...

ZOÉ, de même.

L'épave Donatien!

GABRIELLE, de même.

La mise à prix est d'avance fixée.

ZOÉ.

A six cents livres!.. Quelle horreur!

GROUPE DE COLONS, debout à gauche, causant entre eux et regardant le programme.

Ah! c'est pour rien!

PREMIER COLON, à demi-voix.

On dit qu'il sait écrire et peut tenir les livres.

DEUXIÈME COLON, de même.

C'est une occasion qu'on ne trouvera plus!

PREMIER COLON, à voix haute.

Sept cents livres!

DEUXIÈME COLON, de même.

Huit cents!

PREMIER COLON, de même.

J'en donne mille livres!

PALÈME, qui est à gauche, s'avançant.

Moi, douze cents!

GROUPE DE COLONS, à droite.

O ciel!

PALÈME.

Les voilà confondus!

CHŒUR DE COLONS, à mi-voix.

Quoi! Palème! un esclave affranchi
D'aujourd'hui!

PREMIER COLON.

Lui céder serait une honte...

DEUXIÈME COLON.

Que l'on ne peut souffrir.

PREMIER COLON.

Et je mets à ce compte
Treize cents livres!

PALÈME.

Quinze!

DEUXIÈME COLON.

Et moi, seize!

PALÈME, passant à droite, près de Gabrielle.

Dix-sept!

PREMIER COLON.

Dix-huit!

GABRIELLE.

Je tremble!

ZOÉ, bas, à Palème.

Oh! de nous, c'en est fait!

ACTE III, SCENE IV.

GABRIELLE, bas, à Palème.

Nous n'aurons pas assez!

PALÈME, bas, à Gabrielle.

Rassurez-vous, de grace!
Nous avons plus encor!

GABRIELLE, étonnée.

Comment?

PALÈME, riant, et toujours à voix basse.

Votre mari
Vient en secret de me donner aussi
De quoi surenchérir.

GABRIELLE, effrayée.

Ah! tout mon sang se glace!

PALÈME, de même.

Et nous l'emporterons, car j'achète pour lui,
Mais, silence!

GABRIELLE.

Ah! grand Dieu! mon mari!

ZOÉ, avec désespoir.

Son mari!

ENSEMBLE.

GABRIELLE et ZOÉ.

Sur nous, la foudre menaçante
Tombe en éclats et m'épouvante!
Sur lui, sa rage tombera;
Grand Dieu! qui le protègera?

DONATIEN.

De crainte, d'espoir et d'attente,
A chaque instant mon trouble augmente;
Je le vois, mon bon ange est là,
Sur mon destin il veillera.

LE MARQUIS.

Je vois d'ici son épouvante;
Devant son juge elle est tremblante;
Cet esclave m'appartiendra,
Sur lui ma rage tombera!

ZAMBA.

De crainte, d'espoir et d'attente,
A chaque instant mon trouble augmente;
Mais ne crains rien, car je suis là,
Ta mère sur toi veillera.

PALÈME, avec joie.

Mon espoir s'accroît et s'augmente,
O doux avenir qui m'enchante,
Oui, l'esclave me restera,
Et mon hymen réussira!

CHOEUR.

Ah! l'aventure est étonnante!
Elle devient intéressante!
Voyons ce qu'il arrivera,
Et qui d'eux tous l'emportera!

PALÈME.

Je mets dix-neuf cents livres!

PREMIER COLON.

Moi,
Deux mille!

PALÈME.

Alors, deux mille cent!

DEUXIÈME COLON, bas, au premier.

Je croi

Que pour le gouverneur, qui fut jadis son maître,
Il achète en secret.

PREMIER COLON, à voix basse.

Vous croyez?

DEUXIÈME COLON, de même.

Ce doit être.

PREMIER COLON, de même.

Y renoncer est alors plus prudent.

TOUS.

Deux mille cent!

PREMIER et DEUXIÈME COLON.

Je cède! je cède!

PALÈME, à Gabrielle et à Zoé, se frottant les mains.

Nous l'emportons!

GABRIELLE et ZOÉ, avec effroi, regardant Donatien.

Que Dieu lui soit en aide!

ZAMBA, à l'huissier qui se lève.

Arrêtez!

(S'avançant au milieu du théâtre.)

Deux mille cinq cents livres!

LE MARQUIS, étonné.

Toi,
Zamba!

GABRIELLE et ZOÉ, avec joie.

Zamba!

TOUS.

La capresse!

ZAMBA.

Eh! oui.. moi!

LE MARQUIS.

Et comment paieras-tu?

ZAMBA.

N'est-il pas d'autre entrave?

(Allant à la table devant laquelle est l'huissier.)

Argent sur table! argent comptant!..
De l'or même? en faut-il?.. En voilà! prenez-en!..
(Jetant des rouleaux d'or sur la table. Au marquis.)
A vous cet or!..

(Montrant Donatien.)

Mais, à moi cet esclave!..

PALÈME, faisant des signes à Zamba.

Y penses-tu?

GABRIELLE et ZOÉ, à part.

Grand Dieu! protégez-la!

ZAMBA, debout au milieu du théâtre, et montrant Donatien.

Gouverneur, ordonnez qu'on le livre à Zamba!

ENSEMBLE.

GABRIELLE et ZOÉ.

De crainte, d'espoir et d'attente,
A chaque instant mon trouble augmente!
Qui donc ici l'emportera?
Mon Dieu! mon Dieu! protège-la!

DONATIEN.

De crainte, d'espoir et d'attente,

A chaque instant mon trouble augmente ;
Je vois que mon bon ange est là !
Sur mon destin il veillera !

LE MARQUIS.

O quelle audace surprenante !
Nouveau doute qui me tourmente !
Quel dessein ici la guida ?
Mon adresse le connaîtra !

ZAMBA.

O bonheur ! ô joie enivrante !
Succès qui comble mon attente !
Oui, ne crains rien, car je suis là,
Ta mère te protègera !

PALÈME.

Quelle aventure surprenante !
Malheur qui confond mon attente !
Mais l'esclave me restera,
Car j'ai de l'or, et l'on verra !

CHOEUR.

Ah ! l'aventure est surprenante !
Elle devient intéressante !
Voyons ce qu'il arrivera,
Et qui des deux l'emportera !

PALÈME, s'approchant de Zamba et à mi-voix.

Écoute-moi, Zamba !.. laisse-moi cet esclave,
Il y va de mon sort !

ZAMBA.

Mon bonheur en dépend !

PALÈME, de même.

C'est mon espoir, à moi !

ZAMBA.

C'est ma vie et mon sang !

PALÈME.

Cède ou crains mon courroux !

ZAMBA.

Ton courroux, je le brave !

PALÈME, avec colère, se retournant vers l'huissier.

Eh bien ! trois mille livres !

ZAMBA.

Et moi,
Je dis trois mille cinq cents !

PALÈME, lui mettant la main devant la bouche.

Ah ! tais-toi ! tais-toi !

ENSEMBLE, à demi-voix, se menaçant du poignard.

Prends garde ! prends garde !
Car Dieu nous regarde,
Suspends ton dessein !
Ou jusqu'à la garde
Je plonge soudain
Ce fer dans ton sein !

PALÈME, regardant Zamba.

Je dis donc quatre mille ! et prends bien garde à toi !

ZAMBA, avec force.

Cinq cents livres de plus !

(Tout le monde pousse un grand cri. Palème, le poignard à la main, veut s'élancer sur Zamba ; on l'arrête.)

PALÈME.

Tu périras par moi !

(Tout le monde se lève ; le gouverneur et les conseillers coloniaux descendent du perron.)

ZAMBA, avec exaltation.

A nous la victoire !

(Courant au poteau, et amenant au bord du théâtre Donatien qu'on vient de détacher.)

Brisez ces fers ! oui, ces fers détestés
Que trop long-temps il a portés !

(Arrachant les fers de Donatien.)

Qu'ils soient foulés aux pieds !.. Jour d'ivresse et
(de gloire,

(Serrant Donatien dans ses bras.)

Il m'appartient ! c'est à moi ! c'est mon bien !

(Le gouverneur, pendant ce temps, est descendu vers la gauche du théâtre, où Palème, furieux, lui a parlé bas en lui montrant Zamba. Le gouverneur reprend vivement dans sa poche les papiers qu'il y avait serrés à la scène III, les parcourt rapidement, puis il s'avance au milieu du théâtre, et dit à des soldats, en leur montrant Zamba, qui en ce moment embrasse Donatien :)

LE MARQUIS.

Arrêtez !..
La vente est nulle !.. Cette femme
Est elle-même esclave, et ne peut acquérir !

TOUS.

Grand Dieu !..

LE MARQUIS, aux conseillers coloniaux.

Je viens de parcourir
Ces titres, ces papiers : c'est elle qu'on réclame,
Et qu'on désigne !

DONATIEN, l'embrassant.

O ciel ! ma mère !

PALÈME, avec douleur.

Sa mère !..

ZAMBA.

O sort fatal !

LE MARQUIS,

Vous l'entendez, Messieurs.

GABRIELLE et ZOÉ.

Je frémis d'épouvante !

LE MARQUIS.

C'est au conseil colonial
A décider...

(Aux conseillers.)

Venez... Aussi bien cette vente
Doit maintenant devant lui s'achever.

ZAMBA, GABRIELLE et ZOÉ, à part.

A présent, ô mon Dieu ! qui pourra le sauver ?

ENSEMBLE.

ZAMBA.

Comble d'infamie !
Quoi ! leur tyrannie
Accable ma vie
De nouveaux tourmens !
O maître du monde !

ACTE III, SCÈNE V.

Que ta foudre gronde,
Éclate et confonde
D'infâmes tyrans!

LE MARQUIS et LE CHŒUR.

Pour eux l'infamie!
Que leur perfidie
Ici soit punie
De nouveaux tourmens!
La loi nous seconde;
Que sa foudre gronde,
Éclate et confonde
L'espoir des méchans!

DONATIEN, GABRIELLE et ZOÉ.

O honte! infamie!
Quoi! leur tyrannie
Demeure impunie!
Dieu qui nous entends,
Que ta voix réponde,
Que ta foudre gronde,
Éclate et confonde
D'infâmes tyrans!

PALÈME.

Sa mère chérie
Défendait sa vie,
Et je l'ai trahie!..
Ah! je m'en repends!
O douleur profonde!
Que Dieu nous seconde!
Que sa main confonde
L'espoir des méchans!

(Des soldats emmènent Donatien et Zamba. Le marquis et les membres du conseil colonial entrent à l'hôtel de ville. Palème, Gabrielle, les dames et les colons qui viennent d'assister à la vente les suivent.)

SCÈNE V.

ZOÉ, seule; puis, DENAMBUC.

C'était sa mère!.. Je comprends tout, maintenant... Pauvre femme!.. elle l'aimait et souffrait autant que moi, et tous deux sont esclaves!.. et tous deux tout à l'heure vont être vendus!.. Que faire, à présent... et lui, comment le délivrer?.. à qui avoir recours?.. (Poussant un cri en voyant entrer Denambuc.) Ah!..

DENAMBUC.

Me voici.

ZOÉ.

Mon ami, mon sauveur!..

DENAMBUC.

Dieu! depuis hier seulement, comme cela a augmenté!..

ZOÉ.

Quel bonheur vous amène?..

DENAMBUC, étonné.

Eh bien! notre mariage!..

ZOÉ, se frappant le front, et naïvement.

C'est vrai... je l'avais oublié!..

DENAMBUC.

Oublié!.. D'où vient alors ta joie?..

ZOÉ.

Celle de vous revoir!..

DENAMBUC.

Il n'y a pas de mal... ça revient au même... car ainsi que je te l'ai dit... incognito et sans bruit... tout est prêt!..

ZOÉ, troublée.

Ah! mon Dieu!.. déjà!..

DENAMBUC.

Comment!.. est-ce que tu hésiterais de nouveau?..

ZOÉ, de même.

Du tout...

DENAMBUC.

Est-ce que cet autre amour te serait revenu au moment de m'épouser?

ZOÉ, vivement.

Jamais!.. Je suis prête à vous suivre, et je vous chérirai comme le meilleur des maris.

DENAMBUC.

A la bonne heure!..

ZOÉ.

Je n'y mets qu'une condition... une grace, que je vous demande...

DENAMBUC.

C'est dit... c'est fait... Tout ce que tu voudras...

ZOÉ.

Donatien... ce jeune homme qui hier vous a sauvé la vie, va être vendu comme esclave...

DENAMBUC.

Et comment cela?..

ZOÉ, vivement.

Je n'ai pas le temps de vous l'expliquer... Ils sont là, dans la chambre du conseil colonial, la vente qui a été interrompue va recommencer... il faut lui rendre la liberté... il faut l'acheter!..

DENAMBUC.

J'y vais!..

ZOÉ.

Mais on offrait déjà quatre mille cinq cents livres.

DENAMBUC.

J'en donne dix mille!..

ZOÉ.

Très bien!

DENAMBUC.

Vingt... trente... quarante!..

ZOÉ, l'embrassant.

Ah! je suis à vous... à vous pour toujours!.. Mais, hâtez-vous... dépêchez-vous... il y va de ses jours!.. car, s'il est esclave... esclave du gouverneur, il se tuera, Monsieur... il se tuera!.. j'en suis sûre...

DENAMBUC, la regardant.

Eh! mon Dieu!.. un tel effroi... une telle émotion... je crains de deviner... Est-ce que par hasard ce serait...

ZOÉ, lui faisant signe vivement de la tête.

Oui... oui... oui...

DENAMBUC.

Et j'irais l'acheter?

ZOÉ.

Pourquoi pas?

DENAMBUC.

Racheter mon rival!..

ZOÉ.

Il ne l'est plus... c vous le jure... Qu'il vive,

qu'il s'éloigne... je l'oublierai... si je peux...
Et vous, Monsieur, je vous épouserai... je vous
aimerai... J'en mourrai peut-être... c'est égal.
            DENAMBUC.
Mais, écoute-moi.
            ZOÉ, pleurant.
C'est vous qui serez cause de tout... et vous
verrez, alors, s'il y a jamais eu au monde quelqu'un qui vous aime comme moi... et vous me
regretterez... et vous vous repentirez... mais il
ne sera plus temps... Tenez, tenez... on vient.
            DENAMBUC.
Mais encore une fois...

SCÈNE VI.

Les Mêmes, GABRIELLE.

        GABRIELLE, courant à Zoé.
Tout est fini, la vente est consommée...
            ZOÉ, à Denambuc.
Là... quand je vous le disais... Ce que c'est
que d'hésiter et d'attendre... Et qui donc... qui
l'a emporté?..
            GABRIELLE.
Un riche colon qui vient de l'acheter pour
mon mari... qui le fera expirer dans les tortu-
res.
ZOÉ pousse un cri, ses genoux fléchissent, De-
    nambuc la soutient.
Ah!..
            DENAMBUC, à Gabrielle.
Et tu vas lui dire cela, à elle, qui l'adore...
qui en est folle !
        GABRIELLE, hors d'elle-même.
Elle... Zoé... Est-il possible ! (Courant à Zoé.)
Sans me l'avouer !
            ZOÉ, à voix basse.
Jamais !.. Mais qu'il soit libre... qu'il soit
sauvé... Je ne le reverrai de ma vie... je le
jure !
        DENAMBUC, lui prenant la main.
C'est bien ! cela mérite récompense.

SCÈNE VII.

ZOÉ, GABRIELLE, DENAMBUC, allant au-
devant du MARQUIS, lequel, pendant les der-
niers mots de la scène précédente, a descendu les
marches du perron.

        MORCEAU D'ENSEMBLE.
            DENAMBUC, au marquis.
Cet esclave, par vous acquis,
L'autre jour m'a sauvé la vie.
Cédez-le-moi, je vous en prie,
Mon cher neveu !
        LE MARQUIS, avec colère.
Moi !
            DENAMBUC.
            Quel qu'en soit le prix !
    LE MARQUIS, regardant sa femme avec colère.
Je vois qu'ici l'on prend un intérêt extrême
A son sort ! Par malheur, moi, j'ai fait le serment

Qu'il ne sortirait pas de mes mains !
            DENAMBUC, souriant.
                    Quoi ! pas même
Pour dix mille francs !..
            LE MARQUIS.
                    Non !
            DENAMBUC.
                    Vingt mille !
            LE MARQUIS.
                    Non, vraiment !
            DENAMBUC, sévèrement.
Pas même au prix...
            LE MARQUIS.
            Cessez d'insister davantage.
            DENAMBUC.
De mon affection... ou... de mon héritage?..
            LE MARQUIS.
Non, cent fois non !.. Mais si vous tenez tant
A ce sang précieux... à cette noble race,
Tenez... voici sa mère, épave comme lui !
Une esclave sans maître... et qu'on va vendre aussi !
Vous pouvez l'acheter !
            ZOÉ, courant au marquis.
                    Pitié !
            LE MARQUIS.
                    Non, point de grâce !
L'inexorable loi prononce sur son sort !
ZAMBA, qui pendant ce temps a descendu le théâtre
    avec plusieurs gardes, aperçoit Denambuc et mani-
    feste un grand trouble.
O ciel !
            LE MARQUIS, aux gardes.
    Et comme esclave enchaînez cette femme.
            ZAMBA.
Des fers... à moi !.. Jamais ! Et je te brave encor !
                    (Au marquis.)
J'ai d'autres droits et je réclame,
Non l'esclavage, mais la mort.
    (Elle court se jeter aux pieds de Denambuc.)
        DENAMBUC, poussant un cri.
Zabi !..
            ZAMBA.
C'est moi !
            DENAMBUC.
Zabi !..
            ZAMBA.
            C'est moi !.. Maître, c'est moi
Dont la coupable main leva le fer sur toi.
        J'ai menacé ta vie,
        Et la mienne est à toi !..
        Je tremble et je supplie,
        Mais ce n'est pas pour moi !
(Montrant Donatien qu'on amène en ce moment.)
    C'est pour lui... que tu dois... défendre !
(Baissant les yeux.)
    Lui !.. mon fils !.. Ah ! tu dois comprendre

Mes pleurs et mon effroi?..

ENSEMBLE.

J'ai menacé ta vie,
Et la mienne est à toi !
Je tremble et je supplie,
Mais ce n'est pas pour moi.

DENAMBUC.

O rencontre inouïe !
C'est elle que je vois,
C'est elle qui me prie
Et tremble devant moi !

GABRIELLE, ZOÉ et LE CHŒUR.

O ciel ! que signifie
Le trouble où je les vois ?
O Dieu ! que je supplie,
Daigne entendre ma voix !

LE MARQUIS.

O rage! ô jalousie !
Destin que je prévois,
Faut-il, dans ma furie,
Qu'il échappe à mes lois !

DENAMBUC, au marquis.

M. le Marquis, pour aucun prix, vous ne vouliez me céder cet esclave, je le paierai moins cher... je l'aurai pour rien... D'après le Code noir, que vous connaissez mieux que moi, la vente d'un épave est nulle, quand le maître se représente... et le maître, c'est moi !..

LE MARQUIS.

Monsieur...

DENAMBUC.

Fils de mon esclave, c'est vous qui l'attestez! il est mon esclave aussi... Et quant à sa mère, je suis seul juge de ses torts... (Sévèrement.) Elle en a eu de très grands !..

ZAMBA, s'inclinant.

Maître...

DENAMBUC.

Celui de s'enfuir et de quitter notre île... Sans cela... elle aurait depuis long-temps ce qu'elle a aujourd'hui... sa grace et sa liberté,..

ZAMBA.

Ah ! c'en est trop !..

DENAMBUC, regardant Donatien avec tendresse.

Quant à Donatien, qui est aussi à moi... et qui m'appartient... je puis disposer de son sort... Approche... (A Zoé.) C'est donc lui que tu aimes ?..

ZOÉ.

Oui, Monsieur.

GABRIELLE, au marquis.

Vous l'entendez...

ZOÉ, à Denambuc.

Mais vous savez ce que je vous ai dit...

DENAMBUC.

Je ne l'ai point oublié... Tu consens à te marier... Mais, tout dépend de ta maîtresse... demande-lui... car tu lui appartiens encore... Si elle consent à te donner, la liberté pour épouser Donatien...

(Le morceau de musique reprend.)

ZOÉ, s'approchant timidement de Gabrielle.

Maîtresse, maîtresse chérie,
De toi dépend notre sort à tous deux !

GABRIELLE, regardant son mari.

Contre une injuste jalousie,
Contre des soupçons odieux,
Que cet instant du moins me justifie !

(Avec émotion.)

Sois libre !.. sois sa femme... Allez, soyez heureux! Afin que je le sois...

PALÈME, à part, et s'essuyant une larme.

Quel bonheur ! quand j'y pense!

LE MARQUIS.

Quoi donc ?..

PALÈME.

De n'avoir pas encor parlé !..

LE MARQUIS.

J'entends !

DENAMBUC.

Nous, demain, mes amis, nous partons pour la (France !

DONATIEN.

Vous, à qui je dois tout !

ZOÉ.

Vous, mon Dieu tutélaire! Comment donc vous nommer?

DENAMBUC, leur prenant la main à tous deux.

Nommez-moi votre père,
Car tous deux, désormais, vous serez mes enfans !..

CHŒUR.

Guidés par l'espérance,
Embarquons-nous
Embarquez-vous gaîment!
Au rivage de France,
Le bonheur nous attend !
vous

FIN.

NOTA. La mise en scène exacte de cet ouvrage, transcrite par M. PALIANTI, fait partie de la collection des mises en scène publiées par le journal *la Revue et Gazette des théâtres*, rue Sainte-Anne, 55.

Impr. de Mme DE LACOMBE, r. d'Enghien, 12.

PIÈCES DU RÉPERTOIRE DRAMATIQUE EN VENTE.

Titre	Prix	Titre	Prix	Titre	Prix
Le Toréador, coméd. en trois actes	60	Delphine, drame-vaudeville 2 actes	30	Eudoxie, comédie	30	Une Chaine, comédie	60
Miss Kelly, comédie en un acte	30	Indiana et Charlemagne, vaudeville	50	Les Caprices, vaudeville	40	Job et Jean, vaud.	50
Le Cheval de Créqui, comédie	40	Le Dompteur de bêtes féroces	30	Mouthuilly, drame	50	Zizine, comédie-vaud.	50
Breteuil, comédie mêlée de vaudev.	50	Francesco Martines, drame	40	La Grisette au vert, vaudeville	30	La Main de Fer, opéra-com.	50
Un à vous s'il vous plaît, folie vaud.	30	Les pères d'une danseuse, vaudev.	20	Le Chevalier de Kerkaradec	30	Bidgnnion, vaud	30
La grisette et l'héritière, comédie	30	La scène de Montmirail, pièce milit.	40	Grisélidis de Bordeaux, comédie	30	Le Novice, com.-vaud.	30
La belle Limonadière, comédie-vau.	50	Une femme sur les bras, vaudevil	60	Matelots et Matelottes, vaudeville	30	Les Secondes Noces, com.-vaud.	30
Les Avoués en vacances, vaudeville	50	L'Enfant de la Pitié, drame	40	Mégnol, comédie	40	La Jeunesse de Charles Quint, o.-c.	60
Au bout du monde, coméd.-vaud.	30	La Grand Mère, comédie, trois act.	60	La Fille de Jacqueline, comédie	30	Le vicomte de Letorières, com.-v.	50
Les Trois Muletiers, mélodrame	30	Sous une porte cochère, folie-vaud.	50	L'Automate de Vaucanson, opéra-c.	30	Les Pés de Paris, com.-vaud.	30
Fragoletta, comédie-vaudeville	50	A la vie, à la mort, vaudeville	30	L'Enfant prodigue, comédie-vaud.	50	Pour mon Fils, com.-vaud.	30
Le Lion du désert, en trois actes	50	La Mère Godichon, vaudeville	50	Le Marie de la Reine, comédie-vau.	30	1841 et 1941, revue	30
Ma Bête noire, vaud. en un acte	30	Le Chevalier du Guet, comédie	30	... en Chemin-Legert, com. vaud.	50
L'Amour d'un ouvrier, drame	40	L'Homme heureux	30	Treize à table, vaud.	30	Le Sire de Saudebourg, com. vaud.	50
Le Bigame, drame en trois actes	30	Un jeune ménage, drame	40	Le Mirliton, féerie	40	Le Diable à l'école, op. com.	30
Le Prince d'un jour, vaudev. un acte	30	Denise, drame	40	Ronita, comédie-vaudeville	40	Lucienne, com. vaud.	30
Les Premières armes de Richelieu, comédie en trois actes.		Les Messagers, pièce militaire	40	Toby le Sorcier, comédie-vaud.	50	Les Jolies filles de Stilberg	40
La Folle de Waterloo, drame	50	Un bal aux Vendanges de Bourgogn	30	Trianon, comédie	40	L'Enfant de chœur, vaud.	40
Le Marchand de Bœufs, vaudeville	40	Une Femme charmante, comédie	30	La Porte secrète, drame	40	Le Grand-Palatin, com. vaud.	40
Un Cas de conscience, comédie	30	La Dame du second, vaudeville	30	Juliette, comédie	40	Le Tonin mal gardée, vaud.	50
Giuseppo, drame en cinq actes	40	Louisette, vaudeville	30	Reine Jeanne, opéra-comique	40	Les Cigares, tab. popul.	40
Les Pêcheurs du Tréport, vaudev.	30	Une Révolution d'autrefois, tragédie	40	Souvenirs et regrets	30	Le duc d'Olonne, op. com.	30
La Maupin, comédie en un acte	30	La Meunière de Marly, comédie	30	Flagrant délit	30	Gingalet, com. parade	40
Le Paradis de Mahomet, vaudeville	30	Les Ruines d'Adam et d'Ève	30	L'Amour en commandite	30	Les Circonstances, com.-vaud.	40
Eva, drame lyrique	30	Misère et Génie, drame	30	Brigand et Philosophe, drame	30	Cédric, drame héroïque	60
Paul Darbois, drame en cinq actes	50	Un Ber, lot d'ami, vaudeville	40	Comte de Mansfeld, drame	30	Les Mémoires du diable, vaud.	60
Suzanne, opéra en quatre actes	50	La Perruque, opéra-comique	30	Les Guêpes, revue	30	Mon Parrain de Pontoise, com.-v.	30
La Première rêvê, vaud. un un acte	50	Les Marluchons, comédie	30	Ralph le bandit, mélodrame	30	La Chasse aux voitures, com.	30
Les Mousquetaires, vaudeville	60	L'Élève de Presbourg, opéra-comiq.	30	Chariot, comédie	40	Les Battypolitaire, vaud.-gri.	50
Le Grand-Duc, proverbe	30	L'École du monde, comédie	60	88 moins un, vaudeville	30	Richard-cœur-de-lion, op. com.	30
L'An Quarante, revue en un acte	30	Ango, drame en cinq actes	50	Si nos femmes savaient, comédie	30	Une Femme sous les scellés	30
La Famille Fanfariche, vaudeville	50	La Marchande à la toilette, comédie	30	Le Tailleur de la Cité, comédie	30	Les Ames du camp, com.-vau.	50
Mignonne, comédie en deux actes	50	Zénobia, opéra-comique en trois act	50	Pauline, drame	30	Oscar, comédie	50
Je m'en va aux comme de l'an 40	30	Le nouveau Belisaire, vaudeville	30	Mme de Cronstiques	30	Caraboss et l'affamée, v.	40
Le Tremblement de terre de la Martinique, drame en cinq actes	30	Le Garçon de recette, drame	30	Montanbier	30	Le Mari à l'essai, vaud.	30
Les Iroquois, revue en un acte	30	L'Auire, vaudeville	30	Madame Camus et sa demoiselle	60	Les Deux factions, vaud.	40
Premier début de Déjazart	30	La Guerre de l'Indépendance, dra.	50	La Bombé	30	Jeux innocens, vaud.	30
L'Habit de grenadier, vaudeville	30	Jean-Bart, vaudeville	30	En pénitence	30	Stephen, drame	60
Le Maître à tout, comédie	30	Marcellin, comédie-vaudeville	30	Tyran d'une femme	50	Chez un garçon, vaud.	30
Trois Épiciers, vaudev.	30	Iphigénie, comédie-vaudeville	30	Maître d'école	40	Jaket's Club, vaud.	40
Un Bouquet tête-à-tête, comédie	30	Faryr, drame	30	Trois licoues	30	Mérocée, vaud.	40
Lausune, comédie	30	Dinah l'Égyptienne, drame	30	Le Pendu	30		
La Cardeuse de matelas	30	Richard, vaudeville	30	Un Second Mari	30		
Deux Filles de l'air, pièt en 2 actes	30	La Servante du curé, vaudeville	30	Le Conscrit de l'an 8	50		
L'Orangerie de Versailles, comédie	30	La Grimante, comédie	30	Les Deux Serruriers	60		
La M. aride la Fayette, vaudeville	30	Cyprian le Vendu, vaudeville	30	Mlle Sallé	30		
La Fille du régiment, opéra-com.	30	Les Mystères d'Udolphe, vaud.	30	Trois Étoiles	30		
La Beauté (Oche d'Amérique, c.	30	L'Honneur d'une femme, dra.	30	Lucrèce, comédie	40		
Bianca Contarini, drame en 5 actes	50	Le Coin Suisse, opéra-comiq.	30	Un grand Criminel, vaud.	40		
Le Chevalier de Saint-Georges, c.	30	La Grisette romantique, vaud.	50	Les Amours de Psyché, pièce faet.	50		
Les Boucheries du marquis de Lansac	40	Marco, comédie-vaudeville	40	La Mère de la Débutante, com.	40		
Le Zingaro, opéra	30	La Croix de Malte, drame	30	Le Jettator, com.	40		
L'Abbaye de Penmarc'h, drame	30	La Journée aux éventails, comédie	40	Le Père Tranquefort	40		
Carline, opéra-comique trois actes	30	Mon Gendre, vaudeville	30	Les Blanc-Becs, com.-v.	40		
Vision du Tasse, scène en vers	30	L'Opéra à la cour, opéra	30	Jeannicole-Breton, drame	40		
Les Pages de Louis XII, comédie	30	Japhet, comédie	30	Les Diamans de la Couronne, o.-c.	40		
Apprendre et Courir, vaudeville	30	Bob, comédie	30	Carmagnola, opéra	40		
		La mort de Gilbert, drame	40	Un Monstre de femme, vaud.	40		

En vente : Les 4 premiers volumes du RÉPERTOIRE DRAMATIQUE, formant la collection de l'année 1840.
Ils sont ornés de portraits des principaux auteurs et acteurs. Prix : 6 fr. le volume.

PIÈCES EN VENTE DE LA MOSAÏQUE.

Titre	Prix	Titre	Prix	Titre	Prix
Une Chambrée de Savoyards	30	Les vieillot amoureux	30	La Licorne et l'Ormeau	30	Le Siège à loup	30
L'homme qui tue sa femme	30	C'est ma chambre	30	Dernier vœu de l'Empereur	40	Les Grisettes en Afrique	30
Le Garçon d'écurie	30	Un premier ténor	30	Premières et dernières amours	30	Le Début de Cartouche, com.-v.	30
La descente de la Courtille	30	Le docteur de Saint-Brice, drame	40	La belle Tournouse	50	L'auberge de Chantilly, vaud.	30
La paix ou la guerre	30	Les Invalides, vaudeville	30	Le Boulevart du crime	30	Benoît, drame	50
Haxan, drame	40	L'Habit fait le	30	Anita la Bohémienne	30	Le Lazaret, vaudeville	30
Torino le savetier, drame	30	Un jeu de dot	30	Le Bordeau des braves	30	Une Leçon d'actrice, comédie	40
La Mère Saint-Martin, prologue	30	L'Esclave	30	Les Bains à quatre sous	30	Les Noces de Jocrisse, fo. vaud.	40
Le Retour de Saint-Hélène, aprop.	30	Mazarin, d°	30	Mariette, com.-vaud.	30	Un Secret de femme, dra. vaud.	60

En vente, à la même adresse : L'AIEULE, in-8°, 60 c. — LA MARQUISE DE SENNETERRE, in-8°, 1 fr.

NOUVELLES A LA MAIN
Un Volume in-32 jésus, paraissant le 20 de chaque mois.

PRIX { Pour Paris . . . . . 1 fr. le volume; 24 volumes, 20 fr.
       Pour la Province . . 1 fr. 15 le volume; 24 volumes, 22 fr. 50

Les personnes qui souscriront à l'avance pour 24 Volumes, ou une année entière, recevront l'ouvrage franco à leur domicile, soit à Paris, soit dans les départemens. — (AFFRANCHI FRANCO.)

Imp. de Mme DE LACOMBE, rue d'Enghien, 12

www.ingramcontent.com/pod-product-compliance
Lightning Source LLC
Chambersburg PA
CBHW060707050426
42451CB00010B/1308